LA
DÉMOCRATIE
POLITIQUE ET SOCIALE
EN FRANCE

PAR

ALFRED FOUILLÉE

PARIS
FÉLIX ALCAN, ÉDITEUR
LIBRAIRIES FÉLIX ALCAN ET GUILLAUMIN RÉUNIES
108, BOULEVARD SAINT-GERMAIN, 108

1910

LA

DÉMOCRATIE

POLITIQUE ET SOCIALE

en France

LA DÉMOCRATIE POLITIQUE ET SOCIALE EN FRANCE

PAR

ALFRED FOUILLÉE

PARIS

FÉLIX ALCAN, ÉDITEUR

LIBRAIRIES FÉLIX ALCAN ET GUILLAUMIN RÉUNIES

108, BOULEVARD SAINT-GERMAIN, 108

1910

AVANT-PROPOS

On s'imagine très souvent, en France, que, depuis l'établissement du régime républicain, la question politique est résolue, ou à peu près, et qu'il ne reste plus qu'à passer à des questions plus importantes. Nous croyons que, si on se place au point de vue de la sociologie, on trouvera que, même dans l'ordre politique, la démocratie est bien loin d'avoir réalisé son idéal. Notre Constitution, comme celle de tous les autres pays, contient trop d'erreurs sociologiques. Nous en signalerons plus d'une, avec l'esprit d'impartialité qui est le premier devoir du philosophe et du sociologue.

On accuse souvent, aujourd'hui, le régime parlementaire comme s'il était la cause de tous nos maux. On verra dans ce livre que nous ne souffrons pas d'avoir ce régime, mais que nous souffrons de ne pas l'avoir en sa vérité et en sa sincérité. Nos représentants ne pratiquent-ils pas trop souvent la politique de clientèle, au lieu d'une politique nationale et plus que nationale?

De même, on ne peut pas dire avec certitude que

nous souffrons d'avoir le régime des majorités, car, en
fait, nous ne l'avons même pas. Nos majorités sont faus-
sées ou même annulées par des minorités remuantes
qui usurpent le pouvoir. Nous montrerons dans ce livre
que la représentation proportionnelle est la seule légitime en droit. Nous n'oublierons pas toutefois la leçon
des faits, que nous donne l'histoire du suffrage au
siècle dernier. Le suffrage universel, lui aussi, était
légitime en principe; mais, établi sans conditions de capacité et sans aucune précaution, il nous a valu l'Empire, puis la perte de l'Alsace-Lorraine. Au point de vue
de la sociologie, tout droit a sa limite pratique dans
d'autres droits. De plus, notre démocratie renferme en
elle-même des partis anti-constitutionnels, prêts à se
coaliser au besoin pour renverser, par quelque coup de
force, le régime républicain, le seul qui garantisse la
liberté de tous, qui ne lie pas d'avance les générations à
venir et qui respecte la légitime autonomie de la volonté
nationale. Dans l'état de guerre latente qu'entretiennent
les partis anti-constitutionnels, le droit de ces partis à être
représentés proportionnellement, à acquérir ainsi plus
de puissance et de cohésion pour l'attaque, est manifestement limité par le droit de tous à la légitime défense
des libertés publiques. Tels sont les principes que nous
poserons, en laissant aux hommes d'État le soin de résoudre le problème pratique.

Notre démocratie a besoin de faire son éducation et
c'est à quoi tend l'enseignement public, surtout dans l'é-
cole. Nous ne souffrons pas parce que l'école est neutre,
mais, comme on le verra plus loin, parce qu'elle ne l'est

pas assez complètement ni assez sincèrement, parce qu'elle n'est pas neutre dans le domaine *philosophique* et métaphysique comme dans le domaine religieux, si bien que la pleine liberté de conscience n'est pas assurée à tous.

Enfin nous ne souffrons pas parce qu'on s'occupe trop, en France, des questions sociales, mais, tout au contraire, parce qu'on ne s'en occupe pas assez, avec assez de largeur et de désintéressement. Nous essaierons de faire voir comment et jusqu'à quel point la démocratie politique doit devenir sociale.

La conclusion générale qui ressortira de tout notre travail, ce sera que nous ne souffrons pas parce que nous avons la République, mais parce que, en dépit des devises inscrites sur nos murailles, nous ne l'avons pas encore, avec le plein respect des libertés et des consciences, avec l'égalité complète, avec la fraternité réciproque et universelle qu'elle réclame.

Ajoutons, en terminant, que ce livre a été écrit et imprimé l'an dernier, sauf le chapitre final. On ne s'étonnera donc pas si, au cours de notre travail, nous réclamons quelques réformes qui, depuis, ont été plus ou moins réalisées.

Par exemple, en fait de politique, le secret du vote a été accordé, mais très imparfaitement. En fait d'instruction scolaire, on a introduit la complète neutralité philosophique et métaphysique, non plus seulement religieuse, dans les programmes de 1910 pour les écoles primaires de garçons et de filles, comme on l'avait fait déjà en 1904 pour les écoles normales d'instituteurs et d'institutrices, comme on le fera certainement, après les élections, pour les écoles élémentaires. Le gouvernement et le corps enseignant se sont ainsi peu à peu entendus pour réduire l'enseignement des écoles à la morale sociale, familiale et privée, pour laisser entièrement de côté toutes les autres questions, qui sont matière à discordes, et pour les réserver, comme le voulait déjà Condorcet, « à la raison et à la conscience des familles ».

Menton, février 1910.

INTRODUCTION

INTRODUCTION

En quoi consiste la démocratie ? Quelles sont les
marques de son progrès politique et social ? Sous
quelles formes ce progrès se présente-t-il en France ?
Doit-il aboutir, comme quelques-uns le soutiennent, au
triomphe du collectivisme ? Quelles réformes politiques
et sociales sont nécessaires pour conduire la démocratie à ses vraies fins et pour l'écarter de ses écueils
traditionnels ? — Toutes ces questions, objet du présent
livre, intéressent le penseur non moins que l'homme
d'action. De nos jours, le « temple serein » ne doit pas
être situé assez haut et assez loin pour rendre sourd
à la voix des peuples.

Sociologue et moraliste, on n'attend pas de nous un
plan détaillé de réformes pratiques; mais nous essaierons d'indiquer à grands traits, en prenant l'idée de
justice pour directrice, les principes philosophiques et
sociologiques qui doivent attirer l'attention des hommes
spéciaux

Les vices de la démocratie actuelle proviennent de
deux causes principales. D'abord, elle n'est pas vérita-
blement instituée selon son principe propre, qui, d'après
nous, est l'idée d'*organisme contractuel*. La démocratie
a pour but la réalisation de la société idéale ; or toute

société est un ensemble de liens offrant un caractère à la fois *vital* et *volontaire*. La vie sociale est la vie en autrui comme en soi ; si elle est en partie inconsciente, elle devient, par le progrès des sociétés, de plus en plus consciente et volontairement consentie. Là où il n'y a pas de contrat explicite, il y a contrat implicite ; là où ce dernier ne se voit pas, il y a quasi-contrat, comme nous l'avons montré, avant d'autres, dans *la Science sociale contemporaine*. Ce qui même, au sein du corps social, est purement organique ne laisse pas de devenir contractuel par l'acceptation implicite des membres de ce corps. L'idéal d'une société digne de ce nom est que la conscience et la volonté du tout pénètrent dans chaque partie de l'organisme, que la vie du tout soit, pour la plus large part, l'expression de la libre volonté de chaque individu. Or, c'est là l'idéal même de la démocratie. Celle-ci, en conséquence, doit être à la fois très *organisée* et très *libre.* Nous n'avons encore, aujourd'hui, ni la vraie organisation, ni la vraie liberté, avec l'égalité qu'elle implique. La juste part de l'*organisme* social n'est pas respectée, celle du *contrat* social n'est pas assurée. Nous oscillons entre un faux individualisme et un faux socialisme, comme aussi entre un nationalisme étroit et un internationalisme mal entendu, qui méconnaissent également la vraie nature et les vrais besoins des organismes nationaux.

Un autre vice de la démocratie actuelle, c'est qu'elle se contente d'être purement politique, au lieu de se faire sociale, — je ne dis pas pour cela socialiste au sens propre du mot. J'entends par démocratie sociale celle qui se propose pour but d'améliorer la situation matérielle, intellectuelle et morale de ses membres, en même temps que leur capacité politique, c'est-à-dire législative, exécutive et judiciaire. Un gouvernement vaut ce que valent les gouvernants et les gouvernés. Sous une monarchie, sous une aristocratie, cette vérité est déjà très visible. A plus forte raison la démocratie dépend-elle de la qualité des gouvernants, qui elle-même dépend de la qualité des gouvernés, appelés à faire un choix et à imprimer une direction. Étant donnée l'incapacité intellectuelle et morale des masses, nos démocraties présentes ne subsistent que grâce aux éléments d'aristocratie intellectuelle et morale qu'elles renferment encore. Livrez-les du jour au lendemain aux volontés de la foule, syndiquée ou non syndiquée, sans le contrepoids des élites naturelles ou même artificielles, et vous verrez dans quelle anarchie d'abord, puis dans quelle tyrannie elles seront précipitées.

Le remède est le perfectionnement simultané de la vie *organique* et de la vie *volontaire* par des institutions où la part de chacune de ces vies soit assurée et réglée. Pour trouver de telles institutions, les démocraties doivent, non pas s'abandonner à l'empirisme, mais se diriger selon des principes scientifiques et philosophiques. On sait qu'Auguste Comte, à l'exemple des anciens, regardait la politique comme une véritable science. Le gouvernement n'est-il pas une application des lois générales de la sociologie à telle nation donnée, dans telles circonstances historiques ? Un des principaux hommes d'État de la troisième République, Gambetta, ne faisait que se souvenir des vues d'Auguste Comte lorsqu'il caractérisait ainsi la politique de l'avenir : — « Il viendra un jour où, ramenée à son véritable rôle, ayant cessé d'être la ressource des habiles et des intrigants, renonçant aux manœuvres déloyales et perfides, à l'esprit de corruption, à toute cette stratégie de dissimulation et de subterfuges, la politique deviendra ce qu'elle doit être, une science morale, expression de tous les rapports des intérêts, des faits et des mœurs ; où elle s'imposera aussi bien aux consciences qu'aux esprits, et dictera les règles du droit aux sociétés humaines. » Tel est l'idéal ; mais, pour l'atteindre, quelle culture intellectuelle et morale ne faut-il pas donner aux démocraties, livrées en proie à l'ambition des politiciens, des hommes d'affaires et des démagogues !

Certes, la science n'est pas tout dans la politique, puisque celle-ci implique l'art. Il n'en est pas moins vrai que l'art doit être soumis à des règles. La science morale doit déterminer le but, qui est la justice ; la science sociale doit trouver les moyens, faire pour les peuples ce que l'astronomie et l'hydrographie font pour les navigateurs ; ceux-ci, grâce aux astronomes, ne prévoient-ils pas souvent les tempêtes et n'évitent-ils pas parfois les naufrages ?

Les règles fondamentales de l'organisation politique et sociale méritent d'autant plus l'examen que, si une bonne organisation ne peut pas remplacer la moralité privée et publique, elle peut cependant contribuer pour une large part à cette moralité. Un gouvernement qui sait vouloir au nom de tous, faire respecter les lois générales, réprimer les désordres individuels, appliquer les sanctions, réaliser ainsi la justice dans sa propre sphère, un tel gouvernement devient pour le peuple entier une vivante et perpétuelle leçon de justice. La licence, l'irresponsabilité et l'impunité, au contraire, sont une démoralisation qui, venue d'en haut, s'étend bien vite jusqu'en bas. Des institutions justes et des lois justes ne sont donc pas seulement un moyen d'assurer une sanction aux actes accomplis ; elles sont aussi par elles-mêmes un enseignement la conscience publique rappelle aux individus le but de justice qu'ils doivent poursuivre.

Le caractère du peuple français le rend particulièrement propre à recueillir les fruits d'une bonne organisation politique et sociale. Par un sûr instinct, ce peuple a toujours attaché une grande importance, d'un côté, aux lois et aux déclarations de principes, d'un autre côté, à la puissance de l'exécutif et à sa forte centralisation. La confiance dans le pouvoir des lois et du gouvernement est un des traits de notre esprit national. Thiers disait : « Qu'est-ce qu'un peuple libre ? Un peuple qui réfléchit avant d'agir. » On pourrait dire aussi : Un peuple libre, c'est celui qui sait agir selon la loi. La loi est la réflexion de tous dirigeant l'action de chacun ; elle est l'expression et la formule constante du contrat social par lequel nous sommes liés. Le caractère français a le défaut d'être tour à tour inerte et emporté ; plus que tout autre, il exige à la fois un moteur et un frein. Notre moteur consiste surtout dans les idées et sentiments, notre frein ne peut consister que dans des lois sages, appliquées par un gouvernement ferme. On dira que ce qui importe le plus, ce sont les mœurs. Sans doute ; mais de bonnes lois sont précisément, aux yeux des Français, un des plus efficaces moyens de former les mœurs. Réglez les actes par les lois, vous obtiendrez d'abord une obéissance toute formelle et, pour ainsi dire, rituelle ; mais, peu à peu, la loi passera des actes dans la volonté : *lex insita*. C'est une vérité psychologique et sociologique trop oubliée de nos jours. Compter que les mœurs d'un peuple vont se former toutes seules, c'est comme si on laissait aux enfants et aux jeunes gens le soin de se former eux-mêmes sans aucune règle et sans aucune sanction. Toute loi relative aux droits et aux devoirs des citoyens, étant une prescription, est aussi, par cela même, un enseignement moral. Même non appliquée et souvent dormante, la vérité existe pourtant, elle est connue, et ceux qui ne s'y conforment pas savent qu'ils devraient lui obéir. Légiférer, c'est faire appel à l'opinion publique, vraie souveraine du monde, qui finit par rendre les réformes nécessaires, grâce à la conscience qu'elle donne à tous de cette nécessité. Au contraire, quand la loi se tait, les mœurs elles-mêmes se taisent trop souvent, et la conscience finit par se taire. C'est pourquoi les Français n'ont jamais craint de proclamer dans la loi un principe juste, l'application en fût-elle rare et difficile. Même non appliqué, ce principe n'en demeure pas moins une idée-force toute prête à passer dans l'action (1).

____

(1) Veut-on des exemples concrets et très particuliers du pouvoir des lois et règlements ? La suppression du port d'armes en Corse, en 1853, fit diminuer

Outre l'importance attribuée au pouvoir législatif, la démocratie française se distingue, avons-nous dit, par une importance non moins grande attribuée à l'exécutif. Ce n'est pas là une erreur, à la condition que les pouvoirs de l'exécutif soient bien entendus, bien réglés et justement exercés. L'erreur est de croire que l'action du gouvernement dispense de l'action individuelle ou associée, et c'est une méprise trop fréquente en France. La vérité est que, plus le gouvernement est fort et agissant, plus les citoyens doivent mener eux-mêmes une vie active et intense.

« Les grandes passions, a dit Carnot, font les grandes nations. » Oui ; et ce qui les fait aussi, ce sont les grandes idées, sans lesquelles il n'y a point de grandes passions ni de grandes actions. Tous les peuples ne sont

de moitié le nombre des meurtres et assassinats ; son rétablissement, en 1868, amena un accroissement du nombre des attentats.

La législation de l'Angleterre contre la diffamation et contre le duel, celle même de la Chine contre le faux témoignage sont des témoignages éclatant du pouvoir des lois. En avril 1844, après un duel qui avait ému l'opinion parut en Angleterre un décret déclarant « conforme au caractère d'un homme d'honneur d'offrir des excuses et une réparation pour les torts ou les injures dont il s'était rendu coupable ; honorable pour l'offensé d'accepter loyalement ou cordialement les explications ou la réparation offerte ». L'article 98 du Code militaire fut en même temps modifié et stipula que « celui qui se bat en duel ou qui envoie un cartel, celui qui prend part à des démarches en vue d'une rencontre, ou qui ne fait pas tous ses efforts pour l'empêcher, sera dégradé s'il est officier, ou subira toute autre peine disciplinaire qu'il est au pouvoir d'une cour martiale d'infliger ». Les mesures prises ainsi par le gouvernement anglais pour supprimer l'usage du duel dans l'armée et la marine produisirent jusque dans les autres parties de la population les heureux résultats qu'on avait prévus ; car on ne se battait dans le civil que pour se conformer à la tradition militaire. En présence de l'impossibilité de régler désormais leurs différends suivant l'ancienne coutume, les citoyens se soumirent à cette discipline supérieure qu'enseigne l'esprit de tolérance et de respect mutuel.

« En Chine, l'extrême sévérité des lois contre le faux témoignage a réussi à le supprimer presque entièrement. Le serment est remplacé par la déclaration suivante : Je prends la responsabilité de la déposition que je vais faire. Si je mens, je sais que je serai puni. » Comme on paie le mensonge de sa fortune ou même de sa vie, on y regarde à deux fois avant de calomnier. Voir dans la *Revue internationale de sociologie*, juin 1896, l'étude de M. Paul d'Enjoy, ancien procureur de la République en Indo-Chine.

pas également accessibles à l'influence des idées, pas plus que tous les cerveaux individuels ne renferment la même intelligence; mais, plus un peuple est intelligent et s'intellectualise par la civilisation, plus est inévitable sur lui l'empire des forces intellectuelles. Pendant longtemps, l'idée de l' « équilibre européen » a dominé la conduite des gouvernements et des peuples; puis est venue l'idée des « frontières naturelles », toujours insuffisantes et toujours violées; à la fin du dix-neuvième siècle, l'idée des « nationalités » a tout dirigé. Croit-on que ces dominations successives d'idées ne soient pas une preuve de la puissance qui appartient de plus en plus aux conceptions générales dans l'évolution des sociétés? De nos jours, sous l'apparent obscurcissement des consciences, n'y a-t-il point encore une grande idée qui, depuis longtemps à l'œuvre et se cherchant elle-même, se fait jour peu à peu, comme expression des tendances les plus généreuses de l'humanité? Cette idée, selon nous, est celle de la *justice sociale*, qu'il ne faut pas confondre avec la simple justice civile ou politique. C'est surtout en France que cette notion est dominante. Certes, la prétention à monopoliser un idéal inconnu aux autres peuples serait insoutenable : est-il une nation moderne où ne se soient produites, à des degrés divers, les différentes conceptions de la justice sociale? Il n'en reste pas moins vrai que ces conceptions sont loin d'être également populaires dans tous les pays ; chaque peuple, par là, montre le fond de son âme, puisqu'il révèle son idéal directeur. Le naturalisme individualiste a fleuri surtout en Angleterre, chez les économistes ; et il tend à l'omnipotence de l'individu. Le naturalisme collectiviste fleurit en Allemagne, où il s'intitule matérialisme historique ; et il tend à l'omnipotence de la société. C'est surtout en France que s'est développé l'idéalisme fondé sur la notion de justice sociale, qui exige le progrès simultané de l'individu et de l'État ; c'est surtout en France que s'est développée la démocratie européenne et qu'elle a obtenu la seule forme de gouvernement en harmonie avec ses principes, la forme républicaine. Si la crise sociale, en France, semble aujourd'hui plus aiguë qu'ailleurs, c'est en partie que, relativement aux autres peuples, nous sommes des aînés. Nous avons subi le contre-coup des grands changements politiques et économiques ; nous avons fait de notre pays un champ d'expériences souvent hasardeuses ; nous avons agité à nos dépens bien des problèmes ardus, qui s'imposeront successivement à tous les peuples. Peut-être aussi avons-nous entrevu certaines vérités encore confuses, que l'avenir mettra en pleine lumière.

> En se superposant sans mesure et sans nombre,
> Les vérités, parfois, font un tel amas d'ombre,
> Que l'homme est inquiet devant sa profondeur (1).

En présence des hauts problèmes posés par la démocratie montante, qui, de politique, tend à devenir sociale, ce n'est ni l'abstention pure ni la résistance systématique qui conviennent ; c'est un esprit de réformes prudentes et progressives, à la fois matérielles et morales, avec la considération du droit pour règle suprême. Toutes les fois que la France se laisse dominer par des idées d'intérêt ou par des idées de force, de lutte pour la vie et d'expansion conquérante, de guerre entre nationalités et entre classes, elle sort de sa tradition, elle se fait anglaise ou allemande. Qu'elle appuie de plus en plus fortement ses institutions démocratiques sur l'idée de justice sociale, et elle se montrera fidèle à son propre esprit.

(1) Victor Hugo.

LIVRE I

LES ERREURS DE LA DÉMOCRATIE INDIVIDUALISTE

LIVRE I

LES ERREURS DE LA DÉMOCRATIE INDIVIDUALISTE

CHAPITRE PREMIER

I

FAUSSETÉ DE L'INDIVIDUALISME EXCLUSIF

Gouvernement de la nation par la nation, la démocratie peut être entendue de diverses manières selon l'idée même qu'on se fait d'une nation. Deux erreurs doivent être ici également évitées : individualisme exclusif et socialisme exclusif. La première absorbe entièrement la nation dans les individus; la seconde absorbe les individus dans la nation ou dans tout autre groupe qu'on prétend lui substituer. Les excès de la première erreur, par une réaction inévitable, entraînent les excès de la seconde.

Ce qui doit dominer toute la science politique, c'est ce principe de sociologie que la nation n'est ni un pur contrat entre volontés, ni un simple organisme vivant, mais, comme nous l'avons dit plus haut, la synthèse des deux. Que le contrat implicite ou explicite entre individus qui s'associent joue un rôle prépondérant dans les sociétés modernes, c'est ce qui est incontestable; mais il ne faut pas oublier pour cela, comme on y incline trop souvent, les liens organiques qui font d'une nation un corps animé, ayant sa structure et ses fonctions. La considération exclusive du premier point qui aboutit à l'individualisme; la considération du second, si elle était seule, aboutirait à l'anéantissement de l'individu dans l'organisme collectif, par conséquent au collectivisme.

Ce qu'il y a de vrai et de juste dans l'individualisme, c'est que la personne humaine, conçue comme douée de « raison » et de « liberté », a une valeur morale incommensurable avec toutes les valeurs matérielles, qui lui confère un droit au respect et à l'amour. Nous allons même plus loin pour notre part. Nous ne croyons pas nécessaire, pour fonder le droit, que l'homme soit doué de la « raison » telle que l'entend le spiritualisme platonicien, cartésien ou kantien, ni de la « liberté » comprise comme franc arbitre et volonté contingente, ou encore comme faculté transcendante et « nouménale », à la manière de Kant. Il suffit, selon nous, pour conférer à l'homme de vrais droits, qu'il ait la seule *idée* de la raison comme pouvoir de s'élever à la conception de l'universel, et la seule *idée* de la liberté comme pouvoir d'agir en vue de l'universel. En effet, un être qui agit sous ces deux *idées-forces* de raison et de liberté commence à réaliser en soi, du même coup, le monde de la raison et de la liberté. Il se rend donc sacré et inviolable par l'idée qu'il a de sa dignité possible et par la force inhérente à cette idée (1). Tous les individus, présents, passés et à venir, ont ces mêmes

---

(1) Nous avons insisté sur ce point dans notre *Idée moderne du droit* et dans notre *Morale des idées-forces*.

idées-forces; ils ont donc les mêmes droits et, à ce titre, forment une vraie société humaine, non plus seulement animale.

On le voit, c'est la pensée qui est le vrai fondement de la sociabilité. Quand il s'agit d'êtres pensants, capables de concevoir d'autres êtres dirigés des mêmes idées qu'eux, le point de vue social devient absolument inséparable du point de vue individuel. Tout système est donc faux qui considère les personnes humaines sans leurs rapports avec le groupe, ou le groupe sans ses rapports avec les personnes. L'individualisme exclusif tombe dans le premier excès, ou, s'il met l'individu en présence des autres, il comprend mal leurs rapports, qu'il ramène à ceux d'une collection numérique. Par là il méconnaît non seulement le côté moral, mais encore le côté vital de la nation, je veux dire les organes collectifs auxquels l'individu est naturellement attaché, les fonctions collectives auxquelles il est forcé de prendre part, les contrats implicites ou explicites qui le lient de mille liens plus ou moins visibles, en un mot le réseau de solidarités à la fois biologiques et contractuelles où chaque personnalité est engagée. Aussi la démocratie individualiste offre-t-elle aux yeux du philosophe un caractère trop exclusivement numérique et quantitatif : elle néglige ce qu'il y a de spécifique dans l'union sociale au point de vue de la *qualité ;* elle méconnaît le caractère intellectuel et moral qui distingue la société humaine de toute autre ; elle néglige aussi les relations de *causalité* réciproque et de *finalité* mutuelle qui existent entre ses membres. Ne considérant que l'individu et ne pouvant mettre d'accord tous les individus, la démocratie individualiste donne le pouvoir au plus grand nombre *comme tel.* Les qualités différentielles des personnes disparaissent, ainsi que leurs relations au groupe : la quantité numérique reste seule souveraine.

Cette sorte d'atomisme moral et social s'était déjà montré à Athènes. Même dans le domaine de la pensée, la doctrine qui parut finalement la plus claire aux Grecs, ce fut l'atomisme. De petits morceaux insécables de matière, de petits individus s'agrégeant et s'associant dans le temps et dans l'espace, quoi de plus lucide pour l'imagination ? La Nature s'explique alors avec une facilité étonnante : c'est une question de « gauche, droite ». Les atomes s'accrochent et le monde se fait. L'individualisme démocratique de notre époque transporte une conception non moins « claire » dans le monde moral et social : chaque individu devient un atome qui, selon son bon plaisir, s'accroche ou ne s'accroche pas à l'atome voisin. On additionne les atomes : c'est le suffrage purement numérique. Toute idée d'organisme stable est écartée comme attentatoire à l'autocratie de l'individu. Rendre tous les groupements éphémères, comme des tourbillons de sable qui montent ou tombent selon le vent, voilà l'idéal. Chacun n'est plus tenu par rien et ne sera bientôt plus tenu à rien. Moi, dis-je, et c'est assez !

L'individualisme démocratique met en avant la devise républicaine, dont le premier terme est *liberté*. Mais la liberté individuelle a pour inévitables conséquences des abus que son essence même l'empêche de prévenir ; l'entière liberté de l'individu doit donc avoir son contrepoids dans son entière responsabilité envers la nation dont il est solidaire. Exalter la liberté individuelle au sens purement négatif de Mill et de Spencer, c'est, selon le mot d'un Anglais, comme si on exaltait la force centrifuge du système solaire en écartant la force centripète. « Laisser faire » toutes les libertés, rien de plus facile ; organiser toutes les responsabilités, voilà le difficile.

Quant à l'*égalité*, second terme de la devise républicaine, les individualistes s'en font une idée non moins fausse que de la liberté. Qu'est-ce que la Révolution a voulu proclamer ? L'égalité de tous les citoyens *devant la loi*, c'est-à-dire le droit de tous les individus à être traités *également* pour des actes *égaux, inégalement* pour des actes *inégaux*. Cette proportionnalité ne doit pas être confondue avec l'égalité brute, qui ne met en ligne de compte ni la différence des mérites, ni celle des intelligences ou des volontés. L'égalitarisme individualiste, aujourd'hui à la mode dans les démocraties, est, sous son faux nom, le triomphe de l'inégalité même, puisqu'il traite également ce qui est inégal. De son côté, le collectivisme égalitaire veut payer les mêmes salaires au travailleur et au paresseux, à l'homme intelligent et à l'inintelligent, à l'ignorant et au savant, au citoyen dévoué et à l'égoïste ; et il appelle cela égalité ! C'est l'inégalité même, puisque celui qui a fourni quatre fois plus d'effort ne recevra rien de plus que les autres : l'homme actif et capable sera donc moins bien traité que le paresseux ou l'incapable.

Si l'égalitarisme brut est contre la justice, il est aussi contre la nature, car il méconnaît le mode naturel du progrès. Dans les organismes, comment ont lieu les perfectionnements ? Par sélection. Or, la sélection suppose précisément une rupture d'égalité, une supériorité quelconque de force, soit physique, soit intellectuelle, soit morale. Si, à l'encontre de cette loi, l'individualisme égalitaire avec le socialisme égalitaire s'accorde pour niveler tout, il supprime par cela même la possibilité de sélection et de progrès. En vertu d'une telle méthode, les vieux anthropoïdes auraient dû empêcher l'homme de faire souche à part, de s'élever peu à peu au-dessus de ses cousins les gorilles et orangs-outangs. C'est en cela qu'eût consisté leur égalitarisme. Si, dans l'avenir, une fausse démocratie arrivait à réaliser sur terre le nivellement artificiel des individus, elle ferait rétrograder l'humanité vers ses origines. La sélection des pires se substituant à la sélection des meilleurs, on verrait l'homme civilisé, après avoir redescendu tous les degrés de l'échelle, retomber dans les bras de son frère l'homme des bois et lui dire : — Enfin nous sommes égaux ! Faisons-nous maintenant les égaux de nos inférieurs, jusqu'à ce que nous soyons abîmés dans le néant, seul domaine où règne l'absolue égalité. Exister, c'est déjà être l'inégal de zéro.

Le faux égalitarisme veut que nous soyons le plus possible semblables aux autres ; mais la similitude n'est qu'une relation extérieure, qui ne détermine pas ce que nous devons être en nous-mêmes et par nous-mêmes. Avant de ressembler à autrui, il faut être soi. L'égalité vraie est précisément l'égal pouvoir pour chacun de n'être pas semblable aux autres sous tous les rapports ; c'est le droit égal aux inégalités de toutes sortes, en tant que compatible avec le même droit chez autrui. La vraie justice est donc dans la proportionnalité, qui enveloppe sans doute une égalité fondamentale de *droits,* mais qui implique aussi des rapports variables et des qualités inégales.

Le troisième principe proclamé par la Révolution, la *fraternité*, doit être entendu, selon nous, comme une forme de la justice sociale. C'est l'obligation de rendre à chacun ce qui lui est dû en raison de sa fonction dans le tout vivant et de sa solidarité avec la société entière, non plus seulement en raison de ses droits individuels.

S'il en est ainsi, nous devons conclure, contrairement à l'individualisme exclusif, qu'une nation n'est pas une réunion accidentelle d'individus, une rencontre de passants au même carrefour ; c'est une personne vivante et perpétuelle, qui a un corps organisé à conserver et à développer, qui a des traditions à sauvegarder, des droits et devoirs séculaires, des richesses morales et matérielles à défendre contre la passion ou l'intérêt du moment, contre la volonté même de la majorité présente. Car l'intérêt actuel peut, encore plus pour un peuple que pour un individu, se trouver en contradiction avec l'intérêt futur, surtout avec le devoir éternel. La vraie « volonté nationale » n'est pas seulement celle du plus grand nombre d'individus dans le moment qui passe; elle est composée — pour imiter un mot célèbre — d'encore plus d'hommes à naître que d'hommes déjà nés. Aussi le devoir essentiel de la démocratie est-il de réserver partout l'avenir, de ne jamais le laisser à la disposition, non pas seulement d'un homme ou d'une dynastie, mais encore d'une caste, d'une classe ou d'une majorité. Pour cela, la démocratie doit assurer tout à la fois : 1° la liberté et l'égalité des droits individuels ; 2° la solidarité organique et volontaire des individus dans l'ensemble.

II

ANTINOMIES DE LA DÉMOCRATIE INDIVIDUALISTE

En méconnaissant dans la pratique les principes que nous venons de rappeler, la démocratie individualiste tombe en un amas de contradictions et d'antinomies.

La première, c'est celle qui éclate entre le droit de se gouverner et celui de gouverner autrui. Mon droit politique de *me* gouverner, à vrai dire, se trouve être indivisiblement le droit de *vous* gouverner : comment donc le confondre, comme on le fait aujourd'hui, avec des droits purement civils et tout individuels ? Si j'use personnellement de mon droit civil « d'aller et de venir » pour me rendre de Marseille à Paris, je ne vous empêche pas, vous, d'aller de Paris à Marseille ; l'exercice de ma liberté civile ne vous enlève rien de la vôtre. Mais, quand j'envoie à la Chambre un député qui appliquera à vos dépens des mesures contre lesquelles vous avez toujours protesté, cette façon de *me* gouverner implique une façon de *vous* gouverner qui vous est pénible et qui peut être injuste. Le droit *civil* est *une liberté pour soi et sur soi* ; le droit *politique* est *un pouvoir sur autrui et sur le tout en même temps que sur soi-même* ; le droit civil est d'essence individualiste, le droit politique est social par essence et relatif à tout l'ensemble de l'organisme contractuel. C'est ce qu'ont oublié les théoriciens de la démocratie, et encore plus les praticiens.

La seconde antinomie, inséparable de la première, est celle du droit et de la capacité. Pour l'exercice des droits civils, le législateur a bien été obligé de reconnaître qu'une certaine capacité est nécessaire ; et pourtant, comme ce sont surtout des droits individuels, l'incapacité civile ne retombe guère que sur l'individu même, ou sur ses proches, ou sur quelques autres individus en relation avec lui. En politique, au contraire, l'incapacité de l'un retombe sur tous les autres, sur l'ensemble du corps social, de ses organes et de ses fonctions. Aussi le droit de gouverner devrait-il avoir pour condition une certaine aptitude à gouverner, tout au moins à choisir les gouvernants. On l'a dit cent fois : l'élection, étant une désignation de capacités, suppose elle-même la capacité de les désigner. C'est cette capacité intellectuelle et morale qui fait le plus souvent défaut dans les démocraties individualistes. C'est aussi la volonté même de désigner les meilleurs : le votant cherche, pour le représenter, non les hommes les plus utiles à la société entière, mais les plus complaisants pour lui-même, les plus décidés à servir ses droits individuels ou ses intérêts individuels. « On ne peut pas avoir une démocratie habile, disait Stuart Mill, si la démocratie ne consent pas à ce que la besogne qui demande de l'habileté soit faite par ceux qui en ont. » Dans son ignorance actuelle, le peuple viole ce grand principe : il gouverne contre lui-même, je veux dire contre ses besoins vrais et durables. La démocratie encore en enfance est, sur plus d'un point, l'équivalent d'un gouvernement des enfants par les enfants et pour les enfants.

La puissance politique du « peuple souverain » et sa sujétion économique nous présentent une troisième antinomie. Le peuple-roi est, économiquement, le peuple serf ; intellectuellement, il est serf aussi par l'ignorance ; il n'est roi que par le pouvoir. Or ce roi a toujours des conseillers et des ministres, et il est loin de les chercher dans l'élite intellectuelle, qui ne serait pas d'humeur à le flatter. Il les cherche donc surtout parmi ceux qui servent ses intérêts matériels du moment présent. Peut-on demander les longs desseins politiques et les vastes pensées à des individus que presse la nécessité de vivre ? A Berlin, en 1808, après des désastres analogues aux nôtres, le philosophe Fichte disait à ses compatriotes abattus : « Les causes de nos malheurs actuels sont complexes et difficiles à démêler ; mais, si on voulait analyser la part qui revient aux gouvernements, leur tort spécial, on trouverait que les maîtres de l'État, tenus plus que les autres à prévoir l'avenir pour le dominer, n'ont songé, devant les événements de ce siècle, qu'à une seule chose : se tirer le mieux possible de leurs embarras immédiats. Ils ont écarté la pensée de l'avenir ; ils ont vaguement espéré que quelque coup de fortune trancherait le long enchaînement des effets et des causes. De telles espérances sont trompeuses. Toute force, tout principe d'action qu'on a laissé s'introduire dans la trame des événements, continue à cheminer, produit son œuvre ; la première négligence commise, une réflexion trop tardive ne peut en conjurer les effets ». — Ce que Fichte disait aux Allemands s'applique aussi bien aux Français d'aujourd'hui. Le principal péril des gouvernements populaires, c'est précisément de ne pas songer à l'avenir ; c'est, pourrait-on dire, d'être injustes pour l'avenir. Les démocraties ne se composent-elles pas d'une majorité d'hommes obligés de vivre dans le présent, soit par l'insuffisance de leurs ressources matérielles, soit par l'insuffisance de leurs ressources intellectuelles ?

L'oubli de l'avenir et l'absence de visées lointaines entraînent un autre vice, que tous les sociologues anciens et modernes ont relevé dans les gouvernements populaires : l'*instabilité*. C'est une des plus frappantes manifestations de l'individualisme démocratique. « Quel bonheur pour l'Angleterre, s'écriait autrefois lord Brougham, que la France fasse une révolution tous les quinze ans ! Sans cela, elle serait la première nation du monde. » Aujourd'hui, nous ne faisons plus de révolutions tous les quinze ans, mais, au dernier siècle, notre république a changé de ministère tous les huit mois, cinq fois plus souvent que le pays parlementaire par excellence, la Grande-Bretagne. Préfectures aussi bien que ministères, toutes les fonctions publiques ont été chez nous en perpétuel changement. Pour une période de 25 ans, 20 préfets du Cher, 27 ministres de la guerre, 25 Ministres des Affaires étrangères, 41 ministres de l'Intérieur, voilà les chiffres précis qu'on a donnés. Mobilité utile sur quelques points, mais dangereuse sur beaucoup d'autres, et qui aboutissait à un effet dissolvant, à un mécontentement général, à une agitation stérile, à un incessant besoin de changer sans savoir comment ni dans quelle direction. Un philosophe a dit : « Le progrès, c'est la permanence et quelque chose de plus. » Ce qui manque à la politique individualiste, c'est la permanence ; le « quelque chose de plus », ne trouvant pas à quoi s'attacher, ne peut même pas se produire. Au lieu d'un changement progressif, on n'a donc que des vicissitudes sans résultat durable.

Notre démocratie purement individualiste semble rouler sur ces postulats philosophiques sous-entendus, dont chacun est gros d'injustices parce qu'il est gros d'erreurs : 1° le moment présent seul existe, le passé est mort à jamais ; quant à l'avenir, il sera ce qu'il pourra : après nous le déluge ; 2° les individus présents ont seuls des droits, et c'est leur volonté *du jour* qui fait le droit ; le mieux serait un gouvernement élu tous les matins ; et encore, en un jour, la volonté du peuple pourrait changer ; 3° parmi les individus présents, qui tiennent pour rien les hommes à venir, il en est qui eux-mêmes doivent être tenus pour rien dans le présent : ce sont les moins nombreux. Ceux-là n'existent pas, les plus nombreux seuls, c'est-à-dire les plus forts, imposent leur volonté, qu'ils sacrent volonté *nationale*. La nation, c'est eux et eux seuls. Ils sont nos modernes Louis XIV. Mais Louis XIV restait au pouvoir ; les démocraties individualistes, elles, ont un gouvernement de voyageurs. Au lieu de volontés, elles ont trop souvent des vélleités ; aujourd'hui l'une, demain l'autre, selon le hasard des aspirations individuelles. Dans cette politique au jour le jour, les hommes légers réussissent le mieux parce qu'ils sont portés par tous les vents ; mais ils sont emportés de même.

De l'universelle instabilité résulte la *discontinuité* dans les idées et dans les desseins. C'est le règne de l'imprévu et de l'imprévisible, du *clinamen* épicurien. Une dernière conséquence, plus regrettable encore au point de vue philosophique et moral, c'est l'universelle *irresponsabilité*. Chacun des gouvernants ou co-gouvernants se décharge sur tous les autres. Qu'une mésaventure arrive, ce n'est jamais la faute de personne. Survient-il un danger, sauve qui peut! C'est l'équivalent d'une foule amassée sur une grande place et qui, devant un péril, se disperse de tous côtés, avec une poussée sauvage où il est impossible de faire à chacun sa part. Tant pis pour ceux qui tombent et se font écraser : nul n'est responsable. Que la guerre éclate, à qui s'en prendra-t-on? Que cette guerre soit désastreuse, à qui s'en prendra-t-on? Qu'il n'y ait rien de prêt, pas de munitions dans les forts ou dans les ports, à qui s'en prendra-t-on? Chaque ministre dira, comme l'enfant pris en faute dans une école indisciplinée : « Ce n'est pas moi! » Le grand mal des démocraties individualistes, c'est cette absence de responsabilité : le gouvernement y reste anonyme.

Si l'on poussait à l'extrême les vices d'un tel régime, on aboutirait à la conséquence finale : émiettement de la nation au profit des individus ou des groupes, dissolution de la patrie par les égoïsmes de toutes sortes ; règne de la passion, éclipse de la raison et, par cela même, de la vraie liberté. Cet état d'injustice chronique, où l'invidualisme n'aurait plus aucun contrepoids, est celui qu'on désigne d'un seul mot : *anarchie*.

III

LE GOUVERNEMENT DES POLITICIENS

D'après tout ce qui précède, l'écueil des démocraties est que chaque individu ou chaque groupe en vienne à considérer le gouvernement, non comme le soutien des droits de tous, mais comme un instrument à son usage, utilisable à merci, qu'on s'efforce d'organiser ou de désorganiser selon ses intérêts personnels. Cette tentation trouve, pour l'exploiter, toute une classe : les *politiciens* et les *meneurs*. Pressé par les besoins immédiats et matériels, le peuple a bien autre chose à faire que de gouverner ou d'administrer, et il est assez peu disposé, comme assez peu apte à *se* gouverner; aussi qu'arrive-t-il? Une classe d'hommes se forme qui se charge de gouverner pour lui, mais qui gouverne trop souvent pour elle-même ; les *démagogues* de l'antiquité sont devenus les politiciens et meneurs des temps modernes. On se rappelle ce qu'Agoracritus disait à Cléon : — Je me suis exercé dès l'enfance sur la place publique ; rôdant autour des boutiques de cuisiniers, je m'écriais tout à coup : voyez là-haut cette hirondelle, c'est le printemps qui va venir ! Et pendant qu'ils avaient le nez en l'air, je prenais subtilement pour moi quelque bon morceau. — Les politiciens de nos démocraties suivent la même tradition : attentifs à profiter du présent, ils nous annoncent les printemps futurs. Pour les plus vulgaires d'entre eux, la politique n'est qu'un métier ; pour les plus distingués d'entre eux, elle est un art. Alfred de Vigny disait : « Tenir le pouvoir en mains, cela s'est toujours vu réduire à l'action de manier des idiots et des circonstances. » La masse n'est pas idiote, mais elle est ignorante ; elle cherche donc instinctivement à se faire remplacer par des mandataires qui aient plus de connaissances qu'elle ; par malheur, elle est non moins instinctivement portée à s'en fier aux complaisants dont toute la science consiste à la flatter. La popularité est aux enchères ; le moyen de l'atteindre, c'est de promettre tout et d'affecter un dévouement sans bornes aux intérêts du peuple. Comme dit Machiavel, la foule juge par ses yeux (et aussi par ses oreilles) plus que par ses mains : « Il est donné à tous de voir, mais à peu de toucher. » Les politiciens en profitent pour tromper le peuple par des apparences. De plus, loin d'élever les masses à une moralité supérieure, ils répandent parmi elles la corruption. N'a-t-on pas vu des « bons d'absinthe » distribués à Paris par un député à ses électeurs ? Dans d'autres départements, n'a-t-on pas distribué des montres à bon marché ? Les fraudes électorales sont universelles : il existe des villes, des cantons, des arrondissements entiers où le scrutin est faussé. Le conseil de préfecture casse l'élection ; on recommence et les mêmes fraudes se reproduisent. La cour d'assises est saisie ; elle condamne, rien n'y fait. Le tribunal correctionnel d'une grande ville, en 1897, passa la semaine à juger un maire et son conseil municipal ; quinze jours après, il passa une autre semaine à juger leurs adversaires. Il y a telle cité où le maire faisait voter les absents, telle autre où il faisait voter les malades de l'hospice et même les morts. Outre que la sincérité du vote est mal assurée, le respect des résultats du vote est compromis par les invalidations. Cet abus discrédite notre régime parlementaire. Tandis que l'Angleterre a transféré aux cours de justice les élections contestées, la partialité scandaleuse de nos majorités se donne un libre cours. Ce qui rend particulièrement démoralisante la corruption électorale, c'est que la démocratie y est non seulement victime, mais complice volontaire du mal. « Le principe de l'intervention du gouvernement dans les élections, dit à ce propos un Anglais, est approuvé par tous les partis : chaque groupe, réactionnaire ou républicain, en a bénéficié à son tour. (1) » La candidature officielle, quand elle

____

(1) Bodley, *France*.

n'est pas exercée par les ministres, ne disparaît pas pour cela ; elle revêt une nouvelle forme et passe en d'autres mains. Au lieu d'être manipulée par les membres du gouvernement, elle devient le monopole des groupes. « La France possède ainsi deux constitutions : l'une écrite, celle de 1875, d'après laquelle le pouvoir exécutif est confié aux ministres responsables devant les Chambres ; l'autre non écrite, d'après laquelle le pouvoir exécutif est exercé à Paris, dans les bureaux des départements ministériels, par les sénateurs et députés, et dans les préfectures de province, par des politiciens locaux qui demandent et commandent (1). » Agités et impuissants au Parlement, mais tout-puissants dans les bureaux des ministères, les députés ne songent qu'à mettre la main sur le personnel administratif. Comment se passe la vie de maint représentant ? A solliciter dans les antichambres, quelquefois pour son arrondissement, trop souvent pour lui et pour les siens (2). On sait avec quelle solidité notre

(1) Bodley, *ibid.*

(2) Écoutez ce que racontent les députés eux-mêmes quand ils sont sincères. Ils vous disent, par toutes les voix de la presse, qu'ils règnent dans les administrations. Ils y ont leur personnel qu'ils dirigent, auquel ils commandent, qu'à l'occasion ils punissent ou récompensent. A certaines heures du jour, un grand nombre de députés vont dans les ministères pour s'y faire rendre compte, par les chefs de bureau et quelquefois par des agents plus subalternes, des affaires auxquelles ils s'intéressent. Ils s'informent, ils se décident, ils décident. Quelques-uns ont dans les administrations publiques des fonctionnaires qui leur sont spécialement attachés, qui font à leur place leurs rapports, au besoin leurs discours. Ces services peuvent-ils être sans récompense ? Les fonctionnaires et employés de l'État se sont habitués à considérer les députés comme leurs véritables chefs, à qui ils doivent tout, de qui ils attendent tout. S'ils ont quelque différend avec leur ministre, aussitôt ils appellent les députés et remettent leurs intérêts entre leurs mains. S'ils ont quelque réclamation à présenter, c'est aux députés qu'ils s'adressent. De préférence ils demanderont assistance aux députés les plus radicaux ou les plus socialistes, parce qu'ils pensent que ce sont ceux-là qui font le plus de peur à leur ministre ; en outre, ce sont ceux qui promettent le plus. Les députés se prêtent volontiers à cet arrangement, grâce auquel ils sont les maîtres des administrations publiques. Aussi les voit-on, à chaque discussion du budget, proposer de nouveaux crédits, soit pour augmenter les traitements, soit pour majorer les retraites, soit pour créer de nou-

bureaucratie fut organisée par Napoléon Ier. Grâce à cette robuste constitution, nos administrations publiques résistent encore à l'empiètement des députés, qui subissent eux-mêmes la poussée de leurs électeurs ; mais combien de temps pourra durer cette résistance. Nous voyons déjà le favoritisme, joint aux menées révolutionnaires, dissoudre nos administrations et provoquer nos fonctionnaires à la révolte ouverte, sous forme de grève.

Quelques sociologues croient que l'intrusion des influences politiques dans l'administration tient surtout à la nature même du fonctionnarisme actuel. Ils espèrent qu'un jour viendra où les administrations s'administreront elles-mêmes par des conseils élus. Ces derniers sauront assurer à la fois : 1° l'indépendance de l'administration par rapport aux influences extérieures ; 2° l'indépendance de ses propres membres vis-à-vis d'elle-même (1). Nous sommes encore loin de ce régime, qui serait peut-être le meilleur, mais qui est le plus difficile à réaliser.

Aujourd'hui, sous la menace permanente d'une crise, les ministres n'ont ni le courage ni l'énergie de défendre contre les empiétements parlementaires l'autorité qui devrait leur appartenir. Ainsi s'explique le spectacle auquel nous convient les démocrates individualistes : la Chambre siège et s'agite pendant neuf ou dix mois de l'année, pour faire une besogne législative médiocrement utile, mais ses membres, isolément ou pelotonnés par petits groupes départementaux, ont une influence

---

veaux emplois. Il n'est plus question alors de la « politique des économies ». Quelques-uns se sont fait une spécialité des motions de ce genre. « Ils n'ont rien à refuser aux employés de l'État, qui, de leur côté, ne leur refusent rien. » Voilà le résumé de tous les discours prononcés sur la situation parlementaire par MM. Deschanel, Poincaré, Barthou, Waldeck-Rousseau, Picot, Ribot, etc., etc.

(1) M. Chartier, au Congrès philosophique de Genève.

aussi malfaisante hors de la salle des séances que leur activité collective est stérile au dedans.

En même temps qu'ils faussent la Constitution, les politiciens, uniquement préoccupés du présent où leur action est enfermée, pratiquent l'imprévoyance financière. Grevant sans cesse le budget, ils lui ont fait atteindre le chiffre menaçant de quarante milliards. Ils n'ont pas craint de supprimer l'amortissement, alors que l'Angleterre, par ce moyen, réduisait de plus en plus sa dette. Incroyable est la dilapidation des deniers publics en créations de places nouvelles, dédoublements de places anciennes, mises prématurées à la retraite dans l'intérêt d'un nouveau venu, pensions de toutes sortes, etc. C'est, a-t-on dit, une curée sans violence et sans honte, qui n'en est que plus ruineuse. Nous ne sommes pourtant pas encore à la hauteur des États-Unis ; si nous faisons parfois voter les morts, on leur distribue là-bas 700 millions de pensions, alloués aux prétendus soldats survivants de la guerre de sécession, des soldats-fantômes ! En réalité, les fonctionnaires américains et les courtiers d'élection se partagent cette aubaine patriotique.

Par tous les abus de ce genre, les politiciens des démocraties inexpérimentées exercent sur les mœurs des peuples une action dissolvante ; ils affaiblissent les ressorts de l'organisme social et violent les clauses du contrat social : ils énervent toutes les lois et toutes les sanctions. En même temps, ils faussent l'esprit du peuple en le remplissant d'idées simplistes, absolues, intransigeantes, par cela même inexactes et injustes. Comment la foule, qui est simple, comprendrait-elle autre chose que la simplicité ? Dès qu'un problème est complexe (tous les problèmes politiques et sociaux le sont), il dépasse la foule ; celle-ci, faisant bon marché des preuves, ne s'inquiète que du résultat. La foule, surtout en France, est cartésienne au mauvais sens, par l'amour exclusif des idées prétendues claires. L'harmonie politique exige, comme l'accord de certains instruments de musique, un tempérament où les dièzes et les bémols se rapprochent ; le « radicalisme intransigeant » et le socialisme révolutionnaire ne tiennent compte ni des circonstances ni des tempéraments nécessaires. Ce genre d'esprit est favorisé encore par la diffusion du journal, qui est presque toujours absolu dans ses idées, quelles qu'elles soient. Écrivant au jour le jour, le journaliste a besoin de fournir aux lecteurs, chaque matin ou chaque soir, une solution tranchée et dogmatique. La presse intransigeante de tous les partis, révolutionnaires ou réactionnaires, fait de tels progrès qu'elle aura bientôt répandu partout son esprit sans nuances et sa logique illogique.

Les politiciens et meneurs de tous les partis ou de tous les groupes ne se contentent pas de fausser les intelligences ; ils avilissent les caractères. Faut-il rappeler, dans tous les pays, ces scandales où, pour exploiter la crédulité de la masse, politiciens, journalistes et financiers se sont donné la main ? Quelle leçon le peuple peut-il retirer de là, sinon que l'égoïsme des individus, des classes ou des syndicats est la seule loi et que la justice, en politique, est un mot ?

Le régime représentatif selon le droit, c'est celui où les électeurs donnent le mandat général de représenter la *nation* entière aux hommes qu'ils croient les plus capables, mais sans leur imposer aucun mandat impératif plus ou moins déguisé en vue des intérêts de l'individu, de la localité ou de la classe. Le parlementarisme individualiste, au contraire, est un régime de commissions particulières et de mandats plus ou moins impératifs, donnés à un commis dont on fait le porte-voix des intérêts individuels, locaux, professionnels. Comment la justice ne serait-elle pas sacrifiée à ces intérêts ? Le suffrage actuel pose aux électeurs ce dangereux problème : « Vous avez dans les mains un sûr moyen de tourner à votre profit la puissance politique ; n'en usez pas et soyez des héros de désintéressement. » C'est comme si on disait à une collection d'écoliers : le travail, qui doit vous rendre raisonnables, et le jeu, qui vous laissera déraisonnables, sont également à votre disposition ; usez de la raison que vous n'avez pas pour fuir le jeu et pour travailler. Ce système d'éducation n'a pas réussi à un Tolstoï. L'élection par petites circonscriptions livre le député, pieds et poings liés, à l'intérêt personnel des votants. L'administration même de la justice est mise au service de ces « courtiers d'arrondissement » et de leurs grands électeurs. Si l'un des cabaretiers auxquels un député a dû de nombreux votes ne paie pas ses contributions et que l'homme de loi veuille requérir, le député menace de déposer « une note contre lui » au ministère de la Justice. Si, malgré cette menace, le fonctionnaire chargé d'appliquer la loi est assez malavisé pour le faire, il est changé ou destitué. Voilà la « séparation des pouvoirs ». On ne songe qu'aux intérêts communaux les plus mesquins. L'un veut un chemin vicinal, l'autre un régiment dans la ville pour y faire « marcher le commerce » ou pour y introduire de l'amusement ; un autre veut déplacer une école ou changer un instituteur ; un autre espère un bureau de tabac, une place de facteur, de cantonnier, une bourse au collège, une dispense du service militaire, que sais-je ? Le paysan demande qu'on lui fasse vendre ses vins ou ses blés ; l'ouvrier demande qu'on proclame la communauté des biens au profit du prolétariat. Les plus étonnants calculs d'intérêts privés ou syndiqués motivent les votes déposés *au nom de la nation*. Une fois élu, le

député devient le commissionnaire de ses électeurs :
on lui demande d'acheter une pendule à Paris, de procurer une nourrice, etc. Toujours au nom de la volonté
nationale. Aussi ces représentants qui se prétendent le
Peuple ne sont-ils trop souvent que des hommes d'affaires, choisis non sur leurs mérites, mais sur leur servilité.

Grâce à tous ces abus, l'action gouvernementale finit,
dans les démocraties individualistes, par s'exercer de
bas en haut. Les ministres redoutent les députés, les
députés redoutent les journaux de leur localité et les
comités électoraux qui ont patronné leur candidature ; les membres de ces comités, hommes sans
mandat et se recrutant eux-mêmes, redoutent le peuple
et n'ont, pour conserver leur influence, d'autre ressource
que de lui caresser l'échine.

La démocratie devrait être, comme disait Gambetta,
un « gouvernement d'opinion publique, expression de la
conscience nationale » ; mais l'opinion n'est point une,
il y a autant de prétendues « opinions publiques » que
de journaux répandus, de coteries, d'associations et de
syndicats. La conscience nationale se perd dans la
préoccupation des intérêts particuliers. Les journalistes,
les politiciens, les financiers qui les paient et exercent
leur pression sur le gouvernement même, enfin les
meneurs de grands syndicats d'ouvriers ou de fonctionnaires, voilà, en dernière analyse, nos maîtres à tous.

IV

LES AVANTAGES DU GOUVERNEMENT DÉMOCRATIQUE

Si nous constatons les maux actuels du régime démocratique, il faut aussi, pour être juste, en reconnaître

les bienfaits. L'opinion des étrangers sur ce point mérite d'être notée, car ils sont des témoins plus impartiaux. Un Belge, M. Paul Heymans, après avoir rappelé que le Palais-Bourbon a trop souvent offert le spectacle de débats infructueux, de violences puériles et choquantes, parfois même d'une vénalité qui révolte la conscience publique, ajoute : « N'est-il pas vrai aussi que la République parlementaire a permis à la France, au sortir des plus terribles et des plus épuisantes calamités, après l'invasion et la Commune, de reconstituer sa fortune et son crédit, d'échapper aux restaurations inopportunes comme aux entreprises démagogiques, de reprendre avec dignité et non sans éclat son rang dans le monde ? » Si le gouvernement représentatif, en France, n'a pas tenu toutes ses promesses, s'il n'a pas donné tout ce qu'on espérait de lui, du moins il a vécu. « Et cette expérience de vingt-sept années, traversée d'épreuves, coupée d'obstacles toujours surmontés, chez un peuple impatient qui a usé tant de souverains et de constitutions, ne confirme-t-elle point, à quarante ans d'intervalle, cette conclusion que Charles de Rémusat, sans se douter de ce que réservait l'avenir, formulait en pleine aurore du lustre impérial : — Les pouvoirs les plus antiques, les plus incontestés, les plus absolus se sont écroulés comme d'autres, et après tout, depuis que le vent de 1789 s'est levé et dans les contrées mêmes où il règne, ce qui a duré le plus longtemps, c'est le gouvernement représentatif. » Aujourd'hui la République a déjà vécu deux fois plus que n'avaient subsisté, en moyenne, les régimes monarchiques auxquels elle succéda. Cette heureuse longévité nous a épargné au moins deux révolutions ; et nous ne devons pas oublier que toute révolution est une cause d'affaiblissement politique à l'extérieur, d'agitation et de démoralisation à l'intérieur. En outre, notre république a su éviter la guerre, qui aurait eu plus d'une occasion d'éclater sous une monarchie. Fachoda ou Algésiras, avec un roi ou un empereur, auraient pu avoir les pires conséquences.

Nous ne sommes pas de ceux qui croient que les formes de gouvernement sont indifférentes et équivalentes; nous pensons même que, en fait de politique, il n'y a pas de « forme » pure : la forme emporte toujours plus ou moins le fond. La seule *idée* qu'on vit sous une république ou sous une monarchie est déjà par elle-même une *force* qui tend à réaliser son propre objet, à inspirer une tenue particulière et une certaine règle de conduite. Les sociologues ont donc eu raison de soutenir que chaque régime a, par lui-même et presque par la seule vertu de son nom, certaines traditions, certaines mœurs et certaines lois qui constituent pour ainsi dire sa personnalité propre. Et cette personnalité fait déjà, à elle seule, « que son action politique et sociale est bienfaisante ou funeste (1) ». La démocratie exerce, par son principe, une influence bienfaisante et progressiste; c'est seulement quand elle est mal comprise et mal appliquée qu'elle peut avoir des effets funestes.

Il est de mode aujourd'hui de décrier le principe même de la démocratie, au lieu de le dégager, comme nous venons de le faire, des abus qui le rendent méconnaissable. Révolutionnaires et réactionnaires se rencontrent dans le même dédain de la démocratie. Maints socialistes et syndicalistes nous parlent de dictature nécessaire ou de gouvernement direct par le peuple et ses syndicats. En même temps les rétrogrades rêvent encore un recul vers les formea de gouvernement que nous avons abandonnées. Mais il est des

____

(1) M. Combes de Lestrade.

évolutions sociales et politiques, comme l'avènement de la démocratie, qui, une fois opérées, ne permettent aucun retour. Le régime de liberté et de publicité universelles est devenu notre vie : il s'impose à nous comme la première condition de l'existence moderne. Impossible désormais de tolérer un gouvernement qui travaillerait dans l'ombre et le silence, pour nous révéler seulement à la fin les résultats de son labeur ou de son inertie et, au besoin, nous faire subir une guerre ou un désastre financier. Nous voulons voir et entendre, contrôler, savoir où l'on nous mène et par quelles voies. Tout doit se faire au grand jour. En outre, qui pourrait aujourd'hui croire aux droits monarchiques, sous quelque forme que ce soit ? Ce sont là des *conventions* qui, une fois établies et acceptées, subsistent jusqu'à nouvel ordre dans les pays où règnent encore les anciennes familles, Angleterre, Allemagne, etc. Mais jamais on ne persuadera à la France qu'il existe une légitimité quelconque. Jamais elle ne prendra au sérieux les prétendants qui s'offrent à elle pour être des sauveteurs; elle est malade d'avoir été trop de fois *sauvée*. Le droit divin, l'hérédité de la puissance absolue se comprenaient sous une royauté théocratique : le souverain se doublait d'un prêtre et d'un prophète en qui ses sujets avaient confiance. Et si le roi n'était pas prêtre lui-même, au moins avait-il été sacré par le pouvoir sacerdotal, dont il tenait son autorité. Pouvons-nous encore croire à l'oint du Seigneur? Admettrons-nous, au lieu du droit *divin*, un droit *naturel* de régner appartenant à une certaine famille, sous le contrôle d'une certaine quantité de députés? Le droit naturel de cette famille à gouverner s'étendrait non seulement sur nous-mêmes, mais sur nos descendants, à perpétuité ! Qui acceptera aujourd'hui de telles fictions, surtout en France, où tout lien a été rompu entre les familles royales et le pays? Ces familles ne peuvent plus même invoquer à leur profit le *beati possidentes*, puisqu'elles sont dépossédées ; tous leurs titres de toutes sortes sont historiquement caducs. A la monarchie dite traditionnelle manque précisément la tradition, depuis si longtemps interrompue. Le roi d'Angleterre, lui, représente une institution vraiment traditionnelle ; on la conserve pour son utilité, par « loyalisme » envers une famille dont on a éprouvé les longs services pour la patrie. Mais, en France, la rupture est faite depuis plus d'un siècle, non sans qu'il y ait eu quelque faute de la part de ses rois. Depuis ce temps, le rationalisme s'est trop établi en France pour laisser place au traditionalisme (1).

Certains théoriciens de France et d'Allemagne croient que c'est, non pas à une restauration, mais à la tyrannie militaire et à la dictature que, par un aboutissant logique, doit mener l'évolution de la démocratie. L'économiste Rœscher a tenté de le démontrer (2). La classe moyenne se divisant en capitalistes et en non-capitalistes, dit-il, il n'y a plus de démocratie véritable, mais une *ploutocratie* et un *prolétariat*, entre lesquels se livre un combat sans issue. D'une part, l'oligarchie de l'argent ne parvient pas à maîtriser la plèbe pauvre ; d'autre part, les systèmes collectivistes ou socialistes imaginés au profit de celle-ci ne sont pas viables. Alors surgit le « sauveur », — « messie armé du glaive », — qui tranche le conflit du « peuple gras » et du « peuple maigre » en les asservissant tous les deux. — Certes, voilà bien le péril à craindre ; mais c'est un *péril* social et politique, non un « salut ». Le césarisme, dépourvu de la sanction divine qui aurait pu le consacrer autrefois,

----

(1) Sur le traditionalisme, voir le beau livre de M. Parodi qui a pour titre : *Traditionalisme et démocratie*.

(2) *Geschichte der Naturlehre der Monarchie, Aristocratie und Democratie*.

serait encore plus de la pseudo-démocratie que notre parlementarisme oligarchique. Il produirait la même irresponsabilité générale, l'absence de vraie liberté : il ne réaliserait une certaine stabilité provisoire que pour aboutir à quelque désastre final. La guerre est le soutien nécessaire de tout césarisme ; de plus, comme la corruption est la conséquence inévitable du despotisme militaire, cette corruption amène toujours à la fin la défaite et le démembrement. Pour durer, le césarisme suppose un génie, accident rare et dangereux, car le génie césarien est toujours un génie guerrier, et un Bonaparte aboutit toujours à un Waterloo. Si les empereurs n'ont même pas de génie, ce qui est l'ordinaire, Waterloo devient Sedan. D'ailleurs, comment le césarisme serait-il bienfaisant pour une nation ? Il s'appuie sur les mauvais éléments et comprime les bons ; il habitue le peuple à la servitude ; il le désintéresse de ses propres affaires ; il paralyse à la fois l'expansion des forces individuelles, en leur retirant la liberté, et l'expansion de la solidarité sociale, en lui retirant également la liberté. Tout Empire d'aujourd'hui est fatalement le Bas-Empire de demain. A tous les vices de la démocratie le césarisme joint tous ceux de la monarchie et du militarisme ; il constitue par essence le dernier et le plus méprisable des gouvernements. Les Bonapartes avaient reçu la France grande et forte, ils l'ont laissée mutilée et amoindrie de plusieurs provinces. Avec un troisième Napoléon, nous aurions sans doute le démembrement général : *finis Galliæ.*

Concluons que nos institutions républicaines, outre qu'elles sont le résultat naturel de notre histoire, ont un fondement rationnel. Seulement, la vraie république n'est pas le gouvernement actuel, qui n'en est trop souvent que la parodie. Au lieu du régime impersonnel et neutre que devrait être la république, nous avons le gouvernement du parti qui conquiert le pouvoir aux dépens de tous les autres. Nous vivons d'usurpations, puisque la puissance politique est confisquée par une minorité au nom de la majorité, qui elle-même usurpe les droits de l'unanimité et de la nation entière, présente et à venir. Mais l'essence du gouvernement républicain est précisément d'avoir à la fois le pouvoir et le devoir de se réformer sans cesse. Il ne s'agit donc pas de renverser la Constitution ; il s'agit de l'appliquer et, sur certains points, de la retoucher, dès qu'il sera possible, dans le sens du véritable esprit démocratique.

CHAPITRE II

LA CHAMBRE LÉGISLATIVE
COMME REPRÉSENTATION DU CONTRAT SOCIAL

Nous avons vu que le fondement de la science politique est ce principe que la nation est tout à la fois un contrat social et un organisme social. Pour que le Parlement « représente » la nation, il faut donc qu'il en exprime les deux aspects essentiels. Selon nous, c'est l'objet des deux Chambres. Celle des députés répond au contrat social, au consentement des volontés libres et égales, qui s'entendent pour faire la loi et pour diriger la politique générale. De là dérivent la légitimité et la nécessité du suffrage universel, appliqué à l'élection des députés. L'organisation de ce suffrage est ce qu'il y a de plus essentiel dans une démocratie, puisque tout le reste en dépend. La première condition du progrès politique, en France, c'est de répandre dans la nation entière cette idée que notre façon actuelle d'élire nos députés, quoique reposant sur un fondement de justice, aboutit à violer la justice dans la pratique ; que, par conséquent, au lieu de considérer notre mode de suffrage comme l'objet d'une adoration béate et d'un *noli tangere*, il en faut faire un objet constant d'étude et de réforme en vue d'assurer les droits de tous.

Notre démocratie est ici victime d'une inconséquence. Ou vous ne groupez pas les électeurs, et vous avez alors, pour tout un pays, l'unité de collège ; ou vous les groupez par circonscriptions, et alors vous introduisez manifestement l'idée d'un certain ordre d'intérêts et de droits attachés à ces intérêts. Il s'agit donc, pour être logique, de savoir si les circonscriptions *territoriales* sont les plus justes groupements d'intérêts et de droits. Or, les intérêts ainsi groupés ne sont que locaux ou régionaux. Si ce n'est pas le clocher même, c'en est chose bien voisine. Dans un même arrondissement, la majorité est ou agricole, et veut alors le protectionnisme, ou commerçante, et veut alors le libre échange, ou ouvrière, et veut alors le collectivisme, etc. Les intérêts de classe, de profession ou d'individus passent au premier rang, et ils y passent au hasard des circonstances locales, sans méthode, sans régularité, sans franchise.

Tandis que notre suffrage mêle ainsi, d'une manière désastreuse, les intérêts particuliers des votants au mode de consultation nationale, une démocratie mieux entendue devrait placer les électeurs dans des conditions où l'intérêt universel leur apparût comme prédominant. Ne faut-il pas, en effet, dans une Chambre de députés, que l'âme de la patrie puisse s'exprimer d'une manière collective, sans considération des différences entre régions, comme aussi entre professions ou eutre conditions sociales, avec le seul souci de porter au pouvoir les hommes les plus capables et les plus désintéressés ?

Aussi n'est-ce pas sans raison qu'on a proposé des mesures correctives du suffrage actuel : 1° élargir les circonscriptions de manière à leur faire embrasser de vastes portions de territoire ; 2° aux députés de ces grandes régions adjoindre des « députés nationaux » nommés par le pays et représentant le pays tout entier.

Outre cet élément de généralité et même d'universalité, qui seul peut refréner l'individualisme égoïste, la justice exige, en toute représentation vraiment démocratique, la *proportionnalité*. Une des plus grandes erreurs des démocraties individualistes, c'est la confusion de deux choses très distinctes : le vote et la *représentation* effective (1). On dit aux citoyens : « Vous avez pris part au vote, donc vous êtes représentés. » Mais l'un n'entraîne pas l'autre. D'une part, des hommes peuvent avoir effectivement à la Chambre leur représentation politique et ne pas voter ; d'autres peuvent voter et, finalement, ne pas être représentés. Si je fais partie d'une minorité qui a échoué aux élections, j'ai voté, mais je ne suis pas plus représenté que si je m'étais abstenu. Inversement, supposez un parti au pouvoir, par exemple la bourgeoisie sous Louis-Philippe ; on aura beau ne pas faire voter tous les bourgeois et exiger un cens élevé, les bourgeois privés de vote seront représentés quand même dans la politique triomphante de leur classe. La grande question n'est donc pas seulement de voter ; c'est d'être réellement représenté : le vote qui n'aboutit pas à la représentation effective reste en chemin, il est comme s'il n'était pas. Or, dans nos démocraties, on voit bien que tout le monde vote, au moins en droit et à l'exclusion des femmes ; mais que tout le monde, en fin de compte, soit représenté, que le suffrage soit vraiment universel dans ses résultats, que le gouvernement soit le raccourci exact de toute la nation, c'est ce que l'optimisme le plus robuste ne saurait reconnaître. Émile de Girardin appelait notre mode de suffrage la barbarie organisée ; d'autres

____

(1) Voir sur ce point M. Prins, *l'Organisation de la liberté*.

l'ont appelé la barbarie mathématique. « En barbarie qui doit commander ? Les plus forts. Qui sont les plus forts ? Les plus nombreux (1). » Cette satire méconnaît sans doute la base légitime du suffrage universel, qui est le *droit* pour chacun de contribuer à l'élection des pouvoirs représentatifs d'un peuple. Mais il est certain que, dans le système présent, le suffrage universel devient suffrage des majorités et que le droit risque d'être étouffé sous la force du nombre. S'il y a, aux yeux du philosophe, une iniquité fondamentale dans le gouvernement de tous par un seul ou par plusieurs, il y en a une semblable dans le gouvernement de tous par les plus nombreux *comme tels*, ou par ceux qui sont censés représenter les plus nombreux et qui eux-mêmes ne sont qu'un petit nombre. L'iniquité peut être moindre et moins durable, soit ; vous avez l'espoir d'être demain à votre tour parmi les plus nombreux et les plus forts, mais comment se persuader que ce soit là le gouvernement selon la justice ? Le droit exclusif des majorités n'est qu'un substitut plus ou moins fidèle du droit des unanimités. On convient unanimement, faute de mieux, de s'en rapporter à la majorité, mais c'est à la condition que cette majorité se considère comme représentant les droits et intérêts de la totalité, non pas seulement ceux des individus les plus nombreux. En pratique, il est difficile de compter sur une telle abnégation. La vraie justice veut donc que, par un mécanisme approprié, on réserve aux minorités leur part d'influence proportionnelle, pour sauvegarder ainsi les droits de tous.

« En France, a-t-on dit, sur 100 électeurs, 20 s'abstiennent, 21 opposants sont éliminés par l'élection, 21 autres voient leurs représentants mis en minorité à la Chambre, 38 seulement *constituent le peuple sou-*

(1) M. Faguet.

verain. » En réalité, en comprenant toute la population française, d'après les calculs qui portent sur les élections de 1898, c'est seulement 6 ·p. 100 de la nation qui est représenté. La Chambre actuelle ne représente pas la moitié du nombre des inscrits. Si encore le vote des députés élus aux dépens de la minorité représentait la majorité vraie ! Mais cela n'est pas. Il faudrait, pour cela, que le député élu par 1.000 électeurs votât pour un, et le député élu par 10.000 pour dix. On aurait alors, dans les votes de la Chambre, sinon la proportionnalité au corps électoral tout entier (comprenant à la fois majorité et minorité), du moins la proportionnalité à la majorité réelle. Nous n'avons pas même cela, tant nous vivons dans le faux et dans l'injuste, nous qui croyons être en démocratie. Nos circonscriptions sont nécessairement des modèles d'arbitraire et d'inégalité, d'où toute proportionnalité est exclue. L'élu de telle petite ville ne représente que 2.087 voix, tandis qu'ailleurs les élus représentent jusqu'à 103.000 voix. En fait, une minorité de 2.087 voix balance ainsi une majorité de 103.000 voix. Bien plus, ajoutez à cette petite ville vingt collèges analogues, vous aurez 21 députés pour 42.000 électeurs, et ces 21 députés d'une minorité écraseront le député de la vraie majorité. Voilà ce qu'on décore du nom de suffrage *universel.* Pourtant, si tel député représente 2.000 citoyens qui l'ont nommé, tel autre 100.000, comme les deux députés votent également, les électeurs du premier prendront part au vote final (par l'intermédiaire de leur député) dans la proportion d'un deux-millième ; les autres, seulement d'un cent-millième. Comment peut-on dire, après cela, que tous les citoyens sont égaux et également représentés ? Il y a là une violation manifeste des principes philosophiques de la démocratie. L'hypocrisie est flagrante d'annihiler une minorité énorme, parfois même une réelle majorité, et de prétendre ensuite qu'on représente la volonté nationale.

On répond : — Le nombre n'est pas tout; il y a d'autres considérations qui peuvent avoir leur valeur. Sisteron, par exemple, peut avoir une importance égale à tel arrondissement de Lyon. — En parlant ainsi, on abandonne le principe du suffrage purement numérique : on reconnaît que la quantité des individus n'est pas tout, que la qualité devrait être prise en considération, que certains grands intérêts et certains groupements de haute importance devraient être représentés. Mais, du moment où l'on introduit ainsi des considérations de valeur, d'intérêt général ou régional, etc., il faut au moins trouver une vraie base des valeurs. Comment soutenir que cette base soit l'arbitraire administratif des circonscriptions et arrondissements? Il est donc bien vrai que la représentation actuelle des majorités, à l'exclusion des minorités, viole le principe de la liberté de discussion et constitue envers les minorités, qui ne peuvent plus faire entendre leur voix, une véritable oppression.

Ajoutons que le suffrage universel, base de l'organisation démocratique, ne peut puiser sa force que dans l'empressement des populations à le pratiquer; il est atteint en sa vie même par leur indifférence et leur scepticisme ; or, le nombre croissant des abstentions est dû au découragement des parties de l'opinion qui se voient privées de représentation législative. La minorité sacrifiée on se retire de la lutte dans l'indifférence, ou cherche par tous les moyens des représailles. Parfois, ne pouvant employer les bons moyens, elle prend les voies détournées de l'intrigue et de la ruse. En somme, le dernier effet de cette politique individualiste qui, en se bornant à compter les plus nombreux, sacrifie les

(1) Voir les études de M. J. P. Laffite sur la représentation proportionnelle.

autres, c'est d'aboutir à faire triompher de réelles oligarchies. La démocratie finit donc par se nier elle-même.

Nous n'ignorons pas — et nous l'avons dit autrefois dans notre *Propriété sociale* — que le système de la représentation proportionnelle a parfois pour inconvénient la difficulté de gouverner, de constituer une majorité et un ministère durables, de prendre des initiatives, des mesures à longue portée, de se résigner à mécontenter les uns pour satisfaire les justes réclamations des autres. La représentation proportionnelle peut aussi favoriser la coalition des partis anti-constitutionnels. Mais nous estimons que ces réels inconvénients n'empêchent pas les avantages. L'état actuel, qui est l'écrasement des minorités par les majorités, n'a d'excuse que l'état de guerre civile latente où nous sommes et qui entraîne la nécessité de maintenir en respect les révolutionnaires de droite et de gauche. La représentation proportionnelle serait une expression plus sincère des faits, un moyen d'en prendre publiquement conscience et, par cela même, de remédier aux maux. Si, avec un système de votation proportionnelle, un pays n'a pas de majorité stable, il ne pourra s'en prendre qu'à lui seul ; il essaiera alors de dégager une majorité par des moyens justes. Si la représentation proportionnelle des opinions, qui est philosophiquement légitime, entraîne des inconvénients pratiques, ce sera la faute de ces opinions, de leur distribution et de leur relation mutuelle ; c'est donc sur ces opinions qu'il faudra influer. Sincèrement représentées, les opinions verront elles-mêmes la nécessité de réagir les unes sur les autres, de s'éclairer mutuellement, au lieu de chercher à annihiler l'adversaire. D'ailleurs, si un peuple ne sait pas se conduire avec la représentation proportionnelle de toutes les opinions, il ne le saura pas mieux avec la représentation d'une seule opinion, qui deviendra tyrannique et pourra le conduire à sa perte.

Le plus important résultat de la représentation proportionnelle, aux yeux du sociologue, ce serait de relever le niveau intellectuel et moral des assemblées. En effet, on mettrait nécessairement en tête des listes les chefs des divers groupes ; car des hommes connus pour leur valeur auraient plus de chances de réunir un grand nombre de suffrages. Ces candidats, appelés *têtes de liste*, seraient sûrs d'être élus les premiers, sûrs de conserver leurs sièges à l'élection suivante. Ne serait-ce pas heureux pour la représentation nationale, qui a tant besoin d'élévation et de stabilité ? Dans le système actuel, au contraire, on constate de plus en plus ce que disait déjà le vieux Socrate : — Il n'est pas de métier, depuis celui de tisserand ou de cordonnier, pour lequel on n'exige un long apprentissage ; celui de législateur est le seul pour qui on n'en demande pas. — Dans les assemblées parlementaires, les psychologues et sociologues nous montrent les qualités les plus communes et même les plus médiocres s'imposant comme niveau général. Les mérites propres qui dépassent ce niveau n'appartenant qu'à quelques individus, ceux-ci forment une minorité impuissante, à moins que, par leur ascendant personnel, par leur nom et leur influence, ils n'entraînent à leur suite la majorité. Mais ce dernier cas se présente de plus en plus rarement dans nos assemblées : le haut mérite en est éliminé et craint même de s'y compromettre en mauvaise compagnie. Qu'un mode de scrutin proportionnel assure une juste part à la valeur intellectuelle et morale, aux candidats nationaux élus pour leur seule réputation par toute la France, et l'on verra bientôt se rehausser le niveau des parlements.

Le suffrage corporatif, proposé comme remède par quelques réformateurs, n'est qu'un suffrage utilitaire, dominé par l'esprit de corps ; il nous ramènerait en partie au moyen âge. Quelles sont d'ailleurs les corporations les plus nombreuses ? Ce sont les plus humbles et les plus matérielles. Si donc on voulait confier aux syndicats de toutes sortes la direction des affaires, nous serions gouvernés encore plus directement que nous ne le sommes par les paysans et les ouvriers, c'est-à-dire par les moins instruits, par les plus esclaves des intérêts du moment ou des intérêts de classe. Nous avons déjà assisté à ce spectacle : des députés de régions différentes formant des espèces de syndicats d'égoïsmes professionnels, destinés à tenir en échec les intérêts généraux du pays, comme les postiers le firent naguère, et à paralyser l'action désintéressée du gouvernement. Le système de la représentation professionnelle ou corporative serait la généralisation de ce procédé, la coalition organisée des intérêts de corps contre l'intérêt de tous. Ce serait la lutte des classes, la lutte des professions au parlement : l'ouvrier ne connaîtrait que le bien de l'ouvrier, l'industriel ne verrait que le bien de son industrie, le vigneron que la vente de ses vins, l'employé des postes que son mécontentement contre ses chefs.

D'autant plus libre est l'individu qu'il se meut dans un plus grand nombre de cercles sociaux sans être emprisonné dans aucun : famille, profession, associations de toutes sortes, religieuses, morales ou économiques, État, humanité. Absorber de plus en plus complètement l'individu dans sa catégorie professionnelle, ce serait lui imposer des limites arbitrairement tracées au point de vue politique et au point de vue social ; ce serait l'emprisonner dans des cadres analogues à ceux du moyen âge. Toute « catégorisation de citoyens » nous ramènerait indirectement au régime des castes, et, comme on l'a justement remarqué, à une généralisation de l'esprit fonctionnaire : esprit de corps tempéré par l'esprit de rébellion, népotisme, exclusivisme, spécialisme, toutes sortes d'ismes que tous les barbarismes de la langue nouvelle ne suffiraient pas à désigner et qui auraient bientôt envahi le système électoral.

Outre la représentation proportionnelle, mais non professionnelle, un autre moyen d'assurer la prépondérance à la vraie volonté nationale, ce serait d'enlever les députés à la besogne des petites affaires de troisième ordre. Quelle est, sociologiquement considérée, leur fonction essentielle ? *Faire la loi.* Tout ce que vous y ajoutez les détourne de ce but élevé et désintéressé, pour les rabaisser aux soins vulgaires. Dans les démocraties, tant que la même Chambre s'occupera des intérêts généraux et des intérêts locaux, d'une question d'enseignement et d'une question de route, les électeurs seront placés entre leur intérêt égoïste, que Stuart Mill appelait l'intérêt sinistre, et l'intérêt général, qu'on pourrait appeler l'intérêt droit. L'idéal serait donc d'avoir une assemblée particulière, une sorte de Conseil d'État pour les intérêts de second ordre, une autre pour les grandes questions désintéressées de législation, de politique, de réformes sociales. Tout au moins le Conseil d'État devrait-il avoir un rôle constant et obligatoire de préparation pour tant de lois qui, aujourd'hui, sont improvisées par la Chambre, « au petit bonheur », ou au grand malheur de tous. Une réorganisation du Conseil d'Etat et de son recrutement, une extension de ses droits et pouvoirs serait une réforme des plus utiles : elle permettrait d'élever le niveau et les occupations des assemblées législatives. « Là où commencent les petites questions, a-t-on dit, finissent les grands partis politiques. » Ne laissez donc pas les petites questions à l'ingérence des députés : réservez-les à d'autres, réservez-les aussi, toutes les fois que la chose est possible, aux pouvoirs locaux. Selon de Tocqueville, « les institutions provinciales et régionales sont utiles à tous les peuples, mais aucun ne semble avoir un besoin plus réel de ces institutions que celui dont l'état social est démocratique ». Comment faire supporter la liberté dans les grandes choses à une multitude qui n'a pas appris à s'en servir dans les petites ? Comment résister à la tyrannie dans un pays où chaque individu est faible, et où les individus ne sont unis par aucun intérêt commun ? « Ceux qui craignent la licence et ceux qui redoutent le pouvoir absolu doivent donc également désirer le développement graduel des libertés provinciales. » Il importe toutefois de ne permettre aux provinces aucun empiètement sur les choses d'intérêt vraiment général, telles que l'éducation et l'instruction. Les universités, par exemple, ne doivent avoir qu'une initiative limitée à des chaires ou cours additionnels en vue de besoins régionaux, à la création de laboratoires, à l'érection de bâtiments, à la gestion de leurs finances propres.

Ce qui expose les membres du Parlement à de si grandes tentations, c'est le mélange croissant des affaires financières et industrielles à la politique. Raison de plus pour restreindre, autant qu'il est possible, le rôle du Parlement à la confection des lois de justice et à la politique générale de la nation. Il faut séparer l'administration du Parlement, en vertu même de la séparation de l'exécutif et du législatif. Pour cela, il faut réduire au *minimum* la bureaucratie centrale et en défendre sévèrement l'accès aux parlementaires. Il faut réprimer l'ingérence continue et désordonnée du corps électif dans la gestion de l'État et dans l'administration, où elle entretient un favoritisme honteux.

Le nombre des députés devrait être réduit au même nombre que celui des sénateurs. Plus une Chambre es nombreuse, plus son niveau s'abaisse, plus sa conduite devient passionnée, tumultueuse, incohérente, plus elle se rapproche des foules. En outre, il est injuste d'admettre à la Chambre un nombre de députés beaucoup plus grand que celui des sénateurs ; car ceux-ci, dans le Congrès, ne forment plus qu'une minorité impuissante. C'est, en réalité, la Chambre qui, dans tout Congrès, devient maîtresse souveraine de réformer à sa guise la constitution, de nommer à sa guise le président de la République et d'en faire son homme-lige.

Comme il est difficile d'espérer que les députés mettront à voter leur disparition partielle le même entrain qu'ils ont mis à voter leur traitement, on pourrait obtenir du moins que, toutes les fois qu'un député meurt, un siège fût supprimé à la Chambre, jusqu'à ce que le nombre des députés soit réduit à celui des sénateurs. C'est ainsi, « sauf respect », que la Suède a réussi à faire disparaître les cabarets en votant que tout établissement dont le propriétaire mourrait serait aussitôt fermé.

Parmi les autres réformes nécessaires, il faut compter la liberté du vote. Au moment où nous écrivons ces lignes, elle n'existe guère en dehors de nos grandes villes. Dans les campagnes, on distribue des bulletins larges, des bulletins étroits, des bulletins dont le papier est transparent, si bien que le président du bureau électoral peut aisément constater comme on vote. En Angleterre, en Suisse, en Belgique, en Hollande, aux États-Unis, on voit fonctionner avec la plus grande facilité un autre système : l'isolement de l'électeur dans les compartiments de la salle électorale. Les noms des candidats, qui doivent être régulièrement déclarés un certain nombre de jours avant l'élection, sont inscrits à l'avance sur une carte, par ordre alphabétique. Cette carte est remise à l'électeur par le président du bureau électoral ; l'électeur passe dans l'un des compartiments, indique par une marque au crayon le nom du candidat pour lequel il veut voter, puis revient déposer lui-même dans l'urne la carte qu'il a pliée. Le président du bureau électoral n'a pas à la prendre en mains, ainsi qu'il le fait en France. Comme on ne remet à chaque électeur qu'une seule carte, officiellement timbrée, on est sûr qu'il ne déposera qu'un seul bulletin. Le président n'a besoin, dès lors, d'exercer aucun contrôle.

L'obligation du vote a été proposée. Elle a l'inconvénient de forcer au vote des hommes indifférents ou mal éclairés, ce qui peut entraîner des injustices à l'égard des hommes éclairés. Si le vote doit être un jour rendu obligatoire par la loi, ce sera dans une intention morale encore plus que politique. Une telle réforme est aujourd'hui prématurée. Que les indifférents s'abstiennent, c'est ce qu'ils ont de mieux à faire, puisqu'ils ne sont ni dignes ni capables de voter.

C'est surtout le mode de scrutin qui a son importance. Le scrutin par arrondissement éparpille les opinions et les fait disparaître dans la mêlée des intérêts. En ce « miroir brisé », comme disait Gambetta, la France peut-elle reconnaître sa grande image ? Dans le scrutin de liste, au contraire, les élections se font sur des idées d'autant plus générales que la circonscription est plus étendue ; le scrutin de liste peut donc donner des indications plus exactes sur les mouvements de l'opinion publique. Mais le principal mérite du scrutin de liste est de mieux assurer l'indépendance de l'élu et celle de l'électeur. L'élu qui représente un département entier peut mieux se défendre des coteries locales et repousser les prétentions individuelles. Quant à l'électeur, il n'a pas autant à craindre, que le député cherche à exercer sur lui une pression administrative, comme il arrive sous le régime du scrutin d'arrondissement. Enfin et surtout le scrutin de liste est le seul qui puisse rendre possible une représentation des minorités.

Le scrutin de liste par *département* donne encore trop de place aux considérations locales ; si on peut l'établir pour une partie des députés, il faudrait, pour une seconde fraction, étendre la liste à des régions entières et, pour une troisième fraction, à toute la France. Ce serait, nous l'avons vu, le meilleur moyen de relever le niveau parlementaire, d'éviter l'émiettement des partis et le triomphe des intérêts locaux ou syndicaux. Il en résulterait nécessairement une composition meilleure de la Chambre.

Aujourd'hui, sur près de six cents députés, on n'en relève qu'une soixantaine ayant quelques rapports avec le commerce et l'industrie, tandis que l'on compte plus de cent cinquante avocats et journalistes, bons à tout dire et à ne rien faire. La Chambre sert de refuge aux « déclassés de toute espèce », fonctionnaires révoqués, avocats et médecins sans clientèle, prétendus « publicistes » publiant ce qu'ils ignorent. L'Angleterre échappe à ce vice de notre parlementarisme continental. Les professions libérales, à la Chambre actuelle des communes, ont 107 représentants ; les commerçants en ont 100, les industriels 131, les agriculteurs 132. Ainsi la représentation parlementaire appartient en majorité aux « éléments actifs et productifs de la nation » : elle correspond aux grands intérêts sociaux. Chez nous, la mauvaise composition de l'assemblée entraîne la stérilité législative. En vain, par exemple, sont urgentes les réformes de nos lois de procédure et de nos lois pénales ; notre législation reste dans un état d'infériorité par rapport à celles de l'Europe, y compris l'Allemagne et l'Italie, dont les codes ont été rendus supérieurs au nôtre. Il a fallu une révolte de fonctionnaires pour obliger la Chambre à s'occuper du statut des fonctionnaires.

On a préconisé l'adoption du vote plural en France.

Certes, il est étrange qu'une nombreuse famille et d'évidentes supériorités d'intelligence n'interviennent au scrutin qu'armées d'un seul bulletin. Mais faut-il se faire illusion sur le succès d'une telle réforme ? Notre démocratie, tant soit peu jalouse et soupçonneuse, aura peine à l'accueillir. Au reste, dans la pratique, le vote plural aboutit presque toujours à un vote de privilège et à l'arbitraire. On peut seulement admettre le vote plural pour la représentation des intérêts de famille ; il serait logique de l'adopter, à moins d'admettre les femmes au scrutin. Le droit, pour un homme marié, d'avoir deux voix, alors que l'homme qui vit seul n'aurait qu'un bulletin, contribuerait peut-être à remettre le mariage en honneur dans l'opinion publique.

Le vote obligatoire et plural a été adopté en Belgique. Aux termes de l'article 47 de la Constitution, ont deux voix l'époux ou le veuf avec descendance, de 35 ans, payant 5 francs de contribution personnelle ; le propriétaire ou rentier de 25 ans ayant, soit des biens immobiliers d'une valeur de 2.000 francs, soit une inscription au grand livre ou un carnet à la Caisse d'épargne lui donnant un revenu de 100 francs. Ont trois voix les éléments intellectuels, les fonctionnaires, les porteurs de diplômes d'études moyennes et supérieures. Mais, par rapport à la masse, le nombre de ceux-là est si petit et leur influence si faible, malgré leurs trois voix, qu'ils ne peuvent exercer aucune prédominance : on n'y gagne guère que l'illusion d'avoir rendu justice aux éléments intellectuels. Selon M. Heymans, les réformes belges ont sans doute procuré quelque avantage, en ce sens qu'à leur défaut la situation politique de la Belgique eût été pire ; mais elles n'ont pas empêché l'abaissement du « standard parlementaire », elles n'ont donné au pays l'expression sincère ni des opinions politiques, ni des intérêts sociaux. Un parti qui compte des centaines de milliers d'adhérents s'est trouvé, dès les premières élections du nouveau régime, exclu de toute participation à la gestion des affaires publiques; les industries diverses et florissantes qui couvrent la moitié méridionale du pays, — considérables par les capitaux engagés, par la somme de travail qu'elles fournissent à la classe laborieuse, par la somme d'intelligence et d'activité qu'elles absorbent et par les richesses qu'elles produisent, — ont néanmoins été privées de toute représentation à la Chambre. Le parti dit « ouvrier », socialiste et collectiviste, et qu'on pourrait mieux appeler *antipatronal*, est seul maître de la députation des arrondissements de Liège, Mons, Charleroi et Feignies, centres de l'industrie charbonnière et métallurgique. Les patrons et grands industriels y sont annihilés. Cet exemple prouve la difficulté des réformes fécondes, mais il ne doit pas décourager ceux qui demandent le progrès des institutions. Les meilleures mesures ne produisent pas immédiatement leurs résultats.

Dans un pays encore catholique comme le nôtre, il est difficile et il serait dangereux d'accorder aux femmes (souvent dirigées par les prêtres) le plein droit de suffrage pour l'élection des députés et sénateurs ; mais on fera plus tard une place aux femmes dans les conseils locaux et régionaux. En Amérique et en Australasie, où la femme est mêlée aux administrations publiques, elle fait la guerre la plus utile à l'alcoolisme, à la prostitution, à la corruption électorale, à la prévarication et à l'improbité dans les entreprises ; elle excelle dans les questions d'hygiène, dans l'organisation des écoles ; elle est économe des deniers publics, prévoyante, un peu timide et d'esprit conservateur; mais partout on rend hommage à l'intégrité féminine (1).

(1) A propos du féminisme, on a fait des enquêtes sur la « loyauté féminine », qui a été mise en doute. Qu'on me permette de rappeler que j'ai

Une habitude contraire à la justice politique et qui n'est pas à l'honneur de la conscience masculine, c'est le vote par procuration, grâce auquel nos députés votent sur ce qu'ils n'ont pas même examiné. Certain questeur dispose à lui seul de 34 voix. On a vu naguère cinq cents membres portés comme ayant voté un projet de loi important, tandis qu'il y en avait en réalité cinquante présents à la séance. Non seulement les « députés du peuple » ne sont que ceux de la majorité, ou

longuement examiné la question du caractère féminin dans un livre sur *le Tempérament et le Caractère selon les individus, les sexes et les races*, Plus sensible et plus passionnée, d'esprit moins logique et moins scientifique, de volonté moins énergique et moins brutale, mais persévérante et patiente, la femme n'est, au point de vue moral, nullement inférieure à l'homme. De ce qu'elle a souvent plus de finesse et de souplesse, plus de diplomatie et de tact, comme aussi de douceur, de compassion et de tendresse, il ne s'ensuit pas qu'elle ait, dans les rapports sociaux, moins de droiture, d'honnêteté et de probité. La statistique des délits et crimes est toute en son honneur. Le sexe fort qui a sur la conscience les Panama et mille autres scandales de vol et de rapine , n'a pas le droit de s'enorgueillir de sa loyauté. Le sexe de fer et de sang qui a donné au monde le spectacle de tant de guerres, de massacres et de bûchers, qui a opprimé et asservi tant de créatures, y compris la femme elle-même, n'a pas plus le droit de vanter sa justice que sa bonté.

La femme qui en arrive à vendre son corps, cherche-t-elle son plaisir, ou son pain ? L'homme qui l'achète cherche-t-il son pain, ou son plaisir ?

Peut-être l'homme, si la femme ne l'avait apprivoisé, adouci et attendri, serait-il encore le plus sauvage des gorilles. La maternité est, par la force même des choses, une école de douceur, de dévouement et de bonté. Les progrès réalisés au sein de l'humanité par les grands moralisateurs, par les Bouddha, les Confucius, les Socrate, les Jésus, ont, en grande partie, consisté à insinuer au cœur de l'homme quelques-unes de ces vertus fondamentales de la femme ; on pourrait presque dire que la civilisation a eu pour objet, non d'efféminer, mais de féminiser, en quelque sorte, le naturel farouche du sexe masculin.

Egale à l'homme, la femme est différente de l'homme. Elle ne doit donc pas prétendre à l'exercice des mêmes fonctions, indifféremment. Le féminisme ne fait pas sur tous les points les distinctions nécessaires.

L'influence morale et sociale de la femme, en s'agrandissant, ne peut être qu'utile à l'homme, utile à la société entière. Un seul exemple. Je voyais, récemment, dans les montagnes qui environnent Menton, un paysan attablé au cabaret, buvant et fumant ; au dehors, une femme, la sienne peut-être, accompagnée d'enfants, dont le plus petit la tenait par sa robe, gravissait la colline, et faisait paître un troupeau de chèvres en tricotant sans perdre une minute. Si l'homme devenait aussi laborieux et aussi exempt de la plupart des vices que l'est sa femme, ne serait-ce point un grand pas de fait vers la solution de la « question sociale » ?

plutôt de la minorité remuante qui a triomphé, mais, quand ils votent à la Chambre, ils ne sont qu'une majorité de députés *présents*, parfois une minorité, qui vote pour les absents et ne demanderait pas mieux que de voter, elle aussi, pour les morts. Bien plus, ils ne méritent guère leur nom de présents qu'au moment du vote. Le reste du temps, à moins de circonstances exceptionnelles, c'est-à-dire d'interpellation théâtrale et de séance à grand spectacle, ils se promènent dans la salle des audiences, où se pressent autour d'eux les quémandeurs et quémandeuses de toutes sortes. Puis, au moment du vote, l'huissier raccole le troupeau. Ces moutons de Panurge n'ont pas même entendu la discussion; ils savent à peine de quoi il s'agit, et c'est les yeux fermés qu'ils déposent leur bulletin, auquel ils donnent le nom oraculaire de volonté nationale. Dès qu'une interpellation tumultueuse et retentissante a pris fin, dès que les affaires sérieuses commencent, on voit les députés se disperser : il n'y a presque plus personne. S'agit-il du privilège des bouilleurs de cru, s'agit-il de la mévente des vins? les voilà tous présents ; ils se remuent, ils parlent, ils vocifèrent. S'agit-il des retraites ouvrières, qui leur ont jadis procuré l'occasion de mettre en avant leur « amour du peuple, » ils ne sont présents aux séances, nous apprend l'un d'eux, qu'au nombre de vingt-cinq en moyenne. Vingt-cinq amis actifs du peuple, ce n'est pas beaucoup.

Faut-il maintenant parler des heures consacrées à des interpellations oiseuses (1)? Non pas que les inter-

(1) On interpelle en France au sujet d'un télégramme parti de Paris pour Bourges et qui n'a jamais été remis à la personne à laquelle il était adressé (12 juillet 95) ; — au sujet de la révocation d'un fonctionnaire au ministère du Commerce (14 juin 95) ; — sur le meurtre du garde champêtre de Chaulgnes par un aliéné (28 février 95) ; — sur les « dangers de l'infiltration de la race juive en France» (30 mars 95). On a relevé ces exemples dans les comptes rendus d'une seule session de la Chambre des députés.

pellations soient inutiles ; bien au contraire ! Mais il
faut les ramener à des proportions plus modestes.
L'exemple de l'Angleterre est bon à consulter. Les
séances de la Chambre des Communes commencent
généralement par un véritable défilé de questions posées
au ministére ; on en apporte parfois jusqu'à trente ou
quarante ; mais ces questions, imprimées d'avance, ont
été déjà communiquées au gouvernement, qui y répond
en quelques mots brefs ; elles n'empiètent jamais sur
l'ordre du jour établi. En peu d'instants, l'opinion est
éclairée sur toutes les affaires qui l'intéressent, au
moyen d'interrogations et de réponses également précises. De plus, les réponses sont toujours faites par
des hommes compétents et responsables.

Au point de vue financier, le droit d'initiative en
matière de dépenses aurait besoin d'être soumis à
des restrictions. La Chambre des Communes, en Angleterre, ne passe pas pour une assemblée impuissante ;
pourtant il n'est permis à aucun de ses membres, sauf
à ceux qui font partie du ministère, de proposer une
augmentation des crédits budgétaires. La tendance de
la démocratie est d'accroître les impôts : chacun veut
que l'État serve ses intérêts propres, que l'État trouve
une place pour lui ou pour ses enfants. De là une tendance à la dilapidation des deniers publics. Or, chaque
homme ayant le droit de disposer de sa propriété, tout
impôt qui n'est pas une légitime expression des droits
de la société sur l'individu est une atteinte à la liberté
individuelle et à la propriété individuelle : il est exac-
tion et spoliation.

Consolons-nous de nos maux actuels en écoutant
les économistes qui nous disent : — Quelle que soit l'importance des parlements et des gouvernements, ce n'est
pas par eux que le progrès a lieu d'ordinaire : c'est par
les découvertes scientifiques, c'est par l'application de

ces découvertes à une industrie de plus en plus pros-
père, c'est par la formation incessante des capitaux
pour réaliser de grandes entreprises, c'est par le travail
incessant des classes laborieuses et des classes intellectuelles. Les députés s'agitent et, fort heureusement,
c'est la science et l'industrie qui nous mènent.

CHAPITRE IV

LE SÉNAT COMME REPRÉSENTATION DE L'ORGANISME SOCIAL

En assurant, par la Chambre des députés, une représentation vraiment universelle et proportionnelle des volontés, la démocratie aura-t-elle, aux yeux du philosophe et du sociologue, achevé l'œuvre de justice ? Pas encore. La représentation proportionnelle, en effet, n'est que numériquement proportionnelle ; or, l'idée de *valeur* est plus haute que celle de quantité. La représentation proportionnelle ne traite encore les majorités et les minorités que comme des nombres ; elle compte sans peser. Elle compte tous les votes, et c'est un grand point, mais ce n'est pas le seul. Sa vraie supériorité théorique est que, en comptant tous les votes, elle a plus de chances de faire place, dans la représentation, à tous les droits individuels et à tous les grands intérêts nationaux. C'est en cela, au fond, que consiste sa signification la plus élevée. Mais il est naturel d'aller plus loin et de se demander si, dans la représentation nationale, le point de vue purement arithmétique ne doit pas être dépassé, s'il n'est pas juste d'introduire des considérations de valeur.

Pour aucun sociologue la réponse ne sera douteuse. Il s'agit seulement de savoir quelles valeurs doivent être représentées, et comment. Pour le déterminer, reportons-nous à l'idée de l'organisme contractuel. Nous avons vu que la Chambre des députés, fondée sur le vote de tous les individus égaux et libres, représente le contrat social, l'accord et le consentement des volontés individuelles sur les questions collectives. Mais, nous l'avons vu aussi, l'idée d'*organisme* n'est pas moins importante que celle de contrat. Sans vouloir assimiler entièrement la nation à un animal, comme le font certains sociologues, encore est-il qu'elle contient tout ce que renferme un être vivant, avec quelque chose de plus et de plus important. Une nation peut-elle vivre sans des organes d'éducation et d'enseignement, sans des organes de recherche scientifique, sans des organes de travail industriel, de travail agricole, etc. ? Il faut que tous ces organes de la vie spirituelle ou matérielle aient, dans la direction finale de l'ensemble, une influence proportionnée à leur importance et à leur « subordination » naturelle. Supposons que, dans le corps humain, chaque cellule du tissu ou des os, chaque globule du sang ait sa représentation *individuelle* au cerveau, mais que les *organes* eux-mêmes, cœur, poumons, estomac, mains et pieds, ne l'aient pas, qu'il n'existe aucune région sensitive et motrice pour recevoir leurs impressions et leur communiquer des impulsions ; pourra-t-on dire que l'organisme soit vraiment représenté et qu'il y ait dans le cerveau une vraie volonté collective ? Non. Nous ne trouverons plus là qu'un total numérique d'individus cellulaires, sans que leurs associations et leurs groupements essentiels soient reconnus. Tel est, dans nos démocraties, l'effet de la représentation purement numérique et non organique. Notre système politique est en antinomie avec notre organisation *sociale*. Pour notre système politique, le nombre est tout, ou du moins il est le critérium de tout : on juge à la majorité. Dans l'organisation sociale, fort heureusement, il y a des fonctions et des droits que le nombre seul n'exprime pas et ne règle pas, où la loi des majorités changeantes est inconnue, où la vraie loi est, non le caprice des volontés, mais la « permanence des forces (1) », disons plutôt la permanence des organes et des fonctions. Supposez que la démocratie individualiste eût commis la faute d'abolir toute constitution sociale comme elle a presque aboli toute vraie constitution politique, supposez qu'elle eût cherché à faire partout et en toutes choses de la société entière un simple « total d'unités », vivant dans la confusion et la lutte, avec le seul triomphe des plus nombreux pour loi de l'État, pour loi de la famille, pour loi du travail ; la civilisation y eût succombé avec la justice (2). Si toutes les fonctions *sociales* étaient livrées au vote des majorités et réglées par le nombre, notre société serait bientôt morte, de même que nous ne pourrions vivre si, dans notre organisme, chaque fonction devait être accomplie par des actes particuliers de volonté chez chaque cellule de notre corps. La suppression de tout mandat représentatif héréditaire est sans doute la condition primordiale et légitime de la démocratie, mais elle n'implique nullement la suppression de toute continuité, de toute constance, de toute représentation des grandes fonctions durables ; elle n'implique pas la remise de toutes choses aux hasards des votes, aux caprices du nombre et à l'usurpation des plus nombreux ; elle n'implique pas l'universelle désorganisation politique au sein d'une nation socialement organisée ; elle n'implique pas la perpétuelle contradiction entre l'idée de justice sociale, sur laquelle la vraie démocratie

(1) Voir M. Combes de Lestrade, *Lord Brougham et sa philosophie politique. Revue politique et parlementaire*, 1898, p. 643.
(2) *Ibid.*

repose, et le triomphe des intérêts d'individus, de loca-
lités, de partis ou de classes, exploités par les plus
habiles. Cette erreur est au fond de tous les gouvernements démocratiques actuels ; elle en explique les
aberrations et les iniquités. L'absorption de l'organique
par l'inorganique, des fonctions sociales par la quantité
brute ou par le nombre, régit et fausse la politique contemporaine. En fait, la nation n'est pas représentée en
ses organes essentiels par son gouvernement et, en conséquence, ne peut se gouverner elle-même. Nous ne
sommes pas, comme nous le croyons, en *vraie république*. Nous nous dupons nous-mêmes en le proclamant,
et nous dupons les autres. Nous vivons de sophismes et
d'expédients au jour le jour.

Il faut donc, outre la part des volontés individuelles,
qui elles-mêmes ne devraient pas être entièrement sacri-
fiées aux plus nombreux et aux plus forts, faire la part
de l'organisation sociale et des fonctions sociales, qui
sont permanentes ; il faut assurer la stabilité de la vie
collective sous la mobilité des volontés individuelles.

C'est pour cette raison que, aux yeux du philosophe et
du sociologue, une seconde Chambre, fondée sur l'idée
de valeur organique, est absolument indispensable pour
compléter la première, fondée sur l'idée de nombre.
Une démocratie soucieuse non pas seulement du bien
des individus, mais du bien de l'État, doit assurer
aux droits universels de la nation, comme à ses intérêts
universels, une constante prépondérance au moyen
d'une constante représentation de tous par l'élite. A côté
de la Chambre des députés, qui représente surtout les
droits et intérêts légitimes des individus, dans leurs
rapports mutuels et dans leurs rapports avec l'État,
la Chambre haute doit représenter les intérêts des organes essentiels de l'État dans leurs rapports mutuels
et dans leurs rapports avec les individus. Sans cette

seconde Chambre, nous avons la tyrannie ou l'anarchie, ou les deux à la fois ; nous n'avons pas la vraie liberté. L'existence d'un Sénat n'est donc pas seulement facultative ; elle est de droit. Et ce Sénat doit être organisé de manière à ne pas être une simple doublure de la Chambre, mais son complément nécessaire, répondant aux grands organes sociaux.

Maintenant, quels sont ces organes ? Le sociologue peut-il les reconnaître dans les conseils municipaux et dans les conseils généraux, c'est-à-dire dans des conseils purement locaux ? Le territoire et ses divisions représentent-ils les appareils les plus essentiels de la vie nationale ? Non. L'Université, l'armée, la marine, les associations savantes, les associations ouvrières, industrielles, agricoles, sont des organes autrement importants que le conseil municipal de Carpentras ou même celui de Toulouse, à qui les défunts sont chers. Dans nos sociétés de plus en plus complexes, les groupements sociaux, intellectuels et économiques, l'emportent de plus en plus sur les groupements géographiques. J'ai beau habiter Menton, je vis surtout avec ceux qui ont des préoccupations d'esprit semblables aux miennes. Si donc la Chambre des députés représente plus particulièrement les volontés de tous les individus actuellement vivants, le Sénat, lui, devrait représenter les intérêts perpétuels et collectifs de la science, de la philosophie, des arts, de la morale, de la justice, de la défense nationale, de l'industrie nationale, des finances, de l'agriculture, etc. Cette différence entre les deux Chambres est fondamentale ; la méconnaître ou ne pas la consacrer dans les institutions, c'est s'abandonner au caprice des hommes et des choses. Tous les grands peuples ont plus ou moins vaguement compris ce rôle de la Chambre haute ; tous sont arrivés, par des moyens plus ou moins empiriques et imparfaits, à représenter les intérêts universels. Au-dessus de l'empirisme politique, il serait temps d'élever des institutions vraiment raisonnées. N'est-ce pas, par exemple, un intérêt et même un droit absolument général, indépendant de toutes les professions et commun à toutes, que *l'instruction* soit bien organisée et qu'elle soit surveillée par l'État ? Il faut donc, au Sénat, des représentants de l'enseignement, non en tant que profession, mais en tant que fonction et magistrature publique. N'est-ce pas encore un intérêt absolument général que la haute science progresse ? Il faut donc au Sénat des représentants des corps savants, qui, à leur manière, exerceront encore une magistrature. C'est aussi un intérêt vraiment national que les lettres et les arts soient prospères et maintenus dans les hauteurs : il faut donc des représentants de l'art et de la grande littérature, — je n'entends pas par là des vaudevillistes. C'est un intérêt et un droit absolument général que la défense militaire de la patrie soit forte et stable ; il faut donc des représentants de l'armée et de la marine. C'est un intérêt absolument général que d'assurer l'essor de l'industrie, de l'agriculture, du commerce ; il faut donc des représentants de l'industrie *en général*, du commerce *en général*, de l'agriculture *en général*, indépendamment de toute profession particulière. Il faut, en d'autres termes, qu'une démocratie emprunte les membres de sa Chambre haute aux élites de l'enseignement, de la science, de la littérature, de l'armée, de la magistrature, de l'industrie, du travail ouvrier, du commerce, de l'agriculture, des finances, de la politique, de la diplomatie. Il faut que cette élite des élites continue et maintienne, au-dessus des volontés changeantes, la tradition ininterrompue de la vie nationale.

Le vrai problème démocratique, on le voit, n'est pas de représenter *tous les intérêts* particuliers des individus ou des groupes ; il est de dégager *l'intérêt général*, qui n'est nullement le simple total des intérêts d'individus ou de groupes, qui souvent même leur est opposé, qui, en tout cas, a son existence et sa valeur propre, durable, lointaine et universelle. Aussi un philosophe se gardera-t-il d'employer ici le terme à la mode de « représentation des intérêts », ou celui de « représentation professionnelle », qui semblerait encore une forme de l'individualisme démocratique. C'est, nous ne saurions trop le redire, au maintien des grandes *fonctions sociales* et grands *organes sociaux* qu'il faut songer.

Maintenant, quel est le moyen pratique d'atteindre ce but ? Supposez qu'on propose au suffrage universel une liste de plusieurs noms au choix, préalablement votée et dressée par les grands corps constitués, soit de la magistrature, soit de l'enseignement, soit de l'armée, soit des finances, du commerce, de l'industrie, du travail ouvrier, etc. ; ne substituera-t-on pas de cette façon à nos comités électoraux sans mandat les organes naturels et nécessaires de la démocratie ? Il est difficile d'admettre que la nation entière n'y gagnerait pas. Puisque un certain nombre de sénateurs doivent représenter la magistrature, comment le mieux ne serait-il pas d'en faire élire d'abord une liste par les magistrats eux-mêmes, puis de faire ratifier le choix par le suffrage universel ? Pareillement, pour représenter l'enseignement public, le mieux ne serait-il pas de demander une liste au corps enseignant, puis de la faire ratifier par le suffrage universel ? Si ce dernier élevait au premier rang le candidat que les corps compétents avaient mis au second, il n'y aurait que demi-mal : le second rang et même le troisième seraient encore occupés sur la liste par des hommes de valeur, dignes de soutenir les droits de l'enseignement ou ceux de la magistrature. Aujourd'hui, la démocratie s'en remet, soit au hasard, soit aux intrigues des comités, qui s'arrogent le pouvoir d'imposer à notre choix les candidats de leur choix ; nous sommes alors obligés ou de prendre ce qu'on nous offre, ou de nous abstenir. Avec l'autre système, nous devrions aussi prendre *dans* ce qu'on nous offre, mais au moins serions-nous sûrs qu'on nous a offert ceux qui ont au plus haut point la confiance des hommes du métier.

Ajoutons que le Sénat est institué pour résister à un mouvement irréfléchi des volontés présentes ; raison de plus pour que le collège électoral qui nomme cette assemblée soit un collège différent de tout autre. C'est une idée philosophiquement et sociologiquement inexacte que celle de l'uniformité absolue. Par malheur, le faux égalitarisme entraîne cet amour de l'uniformité, trop fréquent dans un pays comme le nôtre, qui est ami des symétries logiques et confond volontiers l'identité abstraite avec l'identité réelle. Notre esprit simpliste n'admet, en politique, aucune complication ; il semble que toute assemblée doive être composée d'une manière absolument uniforme. C'est méconnaître les variétés réelles et, sous une trompeuse apparence d'égalité, inégaliser la représentation nationale en sacrifiant les uns aux autres. Moins grossière sera la méthode des démocraties futures : elles sauront distinguer ce qui est distinct, réunir ce qui est vraiment semblable. Il n'y a rien de simple dans les choses humaines. Tout progrès est une complication : le char traîné par des bœufs était moins compliqué que nos locomotives. Notre politique en est encore, ou à peu près, au char des rois fainéants.

CHAPITRE V

LE POUVOIR EXÉCUTIF
ET L'EXÉCUTION DES VOLONTÉS NATIONALES.

Le danger de toutes les démocraties, quand elles versent dans un individualisme outré, c'est l'affaiblissement final de l'exécutif. Cet affaiblissement, dont les répercussions morales et sociales vont à l'infini, est plus à craindre chez nous qu'ailleurs, par cela même que notre caractère est déjà, de sa nature, plus intellectuel que volontaire. L'énergie et la constance du vouloir sont choses encore trop rares parmi nous, ainsi que la discipline sociale et la reconnaissance de la légitime autorité. Des deux principaux pouvoirs de l'État, le législatif et l'exécutif, l'un, qui est avant tout un pouvoir délibérant, doit exprimer surtout l'intelligence nationale avec la variété de ses idées et opinions, l'autre, qui est un pouvoir de décision et d'action, devrait surtout exprimer la volonté nationale avec l'unité de ses desseins. Ce ne sont pas les idées et opinions qui manquent en France; nous en avons plutôt trop, de trop diverses et de trop individuelles; mais nous avons montré que, sous sa forme présente, le pouvoir législatif n'exprime chez nous, et d'une manière imparfaite, que l'intelligence médiocre de la masse, sans laisser presque aucune place à l'élite. Quant à l'exécutif, affaibli et énervé, asservi par le législatif, il ne peut plus exprimer une unité de dessein fixe, qui est pourtant la chose dont nous avons le plus besoin. Notre organisme national n'est donc vraiment représenté ni dans son intelligence, ni dans sa volonté, et c'est là, peut-on dire, le vice fondamental qui entraîne tous les autres. Par l'empiétement du législatif sur l'exécutif et sur le judiciaire même, de la Chambre sur le Sénat, du Parlement tout entier sur la Présidence, notre nation agit, directement ou indirectement, à l'opposé de ses vrais intérêts moraux et sociaux. Elle développe dans son caractère ce qui y est déjà prédominant : la passion et le goût des théories et du raisonnement ; en revanche elle laisse sa volonté à l'état, soit d'inertie et de routine, soit d'indiscipline et de rébellion. Habitués jadis par la monarchie à toujours obéir sous un gouvernement fort, la démocratie nous a tout d'un coup livrés au conflit des volontés individuelles sous un gouvernement faible. Les excès de l'indépendance ont produit chez nous, comme dans tous les gouvernements *populaires*, l'affaiblissement du grand ressort de la vie politique, qui, pour le philosophe, est le même que celui de la vie morale : respect de la règle et de la loi. Non seulement le pouvoir exécutif se montre trop souvent désarmé contre les individus, dès qu'ils ont quelque puissance et quelque influence, mais il abdique trop facilement devant les groupes d'individus, toujours portés à abuser de leur nombre et de leur force. Nos gouvernants appliquent partout cette conception atomistique de la société dont nous avons parlé plus haut et qui est restée fréquente en France ; ils s'imaginent que mille individus ensemble, c'est simplement le premier, plus le second, plus le troisième, etc. Or, rien n'est moins exact pour le psychologue et le sociologue, nous en faisons tous les jours l'expérience. Dans les réunions publiques, dans les rassemblements, dans les coalitions et les grèves, dans les théâtres même, où le pouvoir tolère aujourd'hui les représentations et exhibitions les plus immorales, on sait ce que devient la foule et si elle est simplement la somme arithmétique de ses membres. On a souvent noté, parmi les traits de notre caractère national, la particulière « suggestibilité ». Croire que mille Français réunis doivent toujours, sans conditions nouvelles, jouir des mêmes licences qu'un individu isolé, c'est donc faire de la fausse psychologie, par cela même de la fausse politique. Laisser libre jeu à tout ce qui peut relâcher les ressorts moraux ou sociaux, provoquer les violences et les révolutions, c'est, en paraissant consacrer les libertés individuelles ou groupées, les détruire les unes par les autres. Despotisme et licence sont également mortels ; l'un paralyse entièrement l'initiative individuelle, l'autre livre les volontés à l'anarchie. Le despotisme produit toujours le même effet que ces grands murs de soutènement où on a oublié de laisser des trous pour le passage des eaux et qui, au premier grand orage, s'écroulent ; d'autre part, nous ne devons pas moins craindre la licence, qui produit l'émiettement et la dispersion.

Tels sont les principes dont le pouvoir exécutif devrait s'inspirer. Au lieu de s'abandonner lui-même et de laisser dormir ses droits, qu'il se réveille en cas de besoin et, ressaisisse les prérogatives que la Constitution lui donne. Le pouvoir ministériel serait consolidé par la limitation des empiétements de la Chambre et par la revision du règlement au point de vue des interpellations, de l'initiative législative et de l'initiative financière. Il dépend aussi des ministres de ne pas se retirer dès le premier blâme que leur inflige une Chambre passionnée, qui, souvent, ne sait pas ce qu'elle veut elle-même. Un changement de ministère doit être soumis à des conditions plus sûres. Le ministère devrait, comme on l'a proposé, annoncer d'avance qu'il ne se retirera que sur un ordre du jour publié quelque temps avant la discussion, cet ordre du jour devrait contenir une condamnation motivée de sa politique, spécifier en quoi elle a faibli, exprimer ce que doit être la politique nouvelle et marquer ainsi, comme en un tribunal, les limites du débat. De cette manière, le pays serait éclairé sur les intentions du Parlement et sur la ligne de conduite des ministres.

Quant au Président, la Constitution l'arme de droits considérables qui, en de bonnes mains, pourraient être salutaires. Malgré les théoriciens du parlementarisme individualiste, il est faux que le Président n'ait la faculté ni de parler ni d'agir et que son rôle soit, par excellence, de laisser faire, de laisser passer. En premier lieu, le Président a le droit, quand il veut attirer l'attention des Chambres et leur faire connaître son avis personnel sur une question importante ou difficile, de leur adresser un message, lequel est ensuite affiché par toute la France. Est-ce là un droit de « parler »? En second lieu, lorsque le Président trouve injuste ou nuisible une loi votée par les deux Chambres, il peut suspendre la promulgation de cette loi et inviter le Parlement à une seconde délibération « qui ne peut lui être refusée ». Est-ce là un droit « d'agir » ? 3° Le Président a la faculté, s'il trouve que les Chambres abusent de leur liberté pour se livrer à des discussions stériles et passionnées, de les renvoyer pour un mois, ce qui leur permet de retrouver le calme et de consulter leurs électeurs. Est-ce encore « agir » ? Enfin, 4° le Président a le droit, si la Chambre des députés s'obstine dans l'agitation ou l'inertie, de la dissoudre avec l'assentiment du Sénat. Est-ce encore agir? Quand la Constitution donne au Président de tels pouvoirs contre les

Chambres, elle montre par là que l'unique rôle du pouvoir exécutif n'est pas l'obéissance, mais, s'il est besoin, la résistance au nom de l'intérêt national. Le Président d'une démocratie doit avoir une politique, non pas proprement personnelle, mais, autant qu'il est possible, impersonnelle d'esprit, c'est-à-dire supérieure aux passions du moment, représentative des intérêts durables et universels. Une politique de ce genre, pour n'être pas une question de partis ni de personnes, n'en est pas moins une politique ; c'est même la seule vraie. Le Président peut s'efforcer légalement de la faire prévaloir, soit par le choix des ministres, que rien ne l'oblige ni à prendre dans le Parlement, ni à changer sans cesse selon le caprice d'une seule Chambre, soit, comme nous l'avons dit, par des messages, par l'appel à une seconde délibération, par le renvoi momentané ou par la dissolution définitive de la Chambre. Si la Constitution le déclare responsable seulement « dans le cas de haute trahison », ce n'est pas pour supprimer ses devoirs, c'est pour assurer ses droits ; ce n'est pas pour lui défendre d'avoir ses vues politiques, c'est pour élever ses pensées au-dessus des luttes quotidiennes de partis ; ce n'est pas pour annihiler son influence, c'est pour lui donner un caractère de haut désintéressement. C'est aussi pour permettre au Président de conserver son titre jusqu'à l'expiration de son mandat et pour assurer ainsi la continuité de son pouvoir. Devant les nations étrangères, cette continuité est plus indispensable encore. La constitution a voulu que, sous une forme élective, le Président fût à leurs yeux le représentant de la France entière, qu'il symbolisât l'idée nationale et démocratique par opposition aux luttes de classes ou de partis. Le fait qu'il a été élu par le Parlement n'implique aucune dépendance ; il est précisément élu pour faire, quand il y a lieu, contre-poids au pouvoir législatif et pour le dominer de son impartialité sereine.

On n'en a pas moins vu des Présidents de la République ignorer ou paraître ignorer leurs propres droits. Dans le message où il donnait sa démission, l'un d'eux ne se plaignait-il pas amèrement de ce que « la Présidence de la République est dépourvue de moyens d'action et de contrôle » !

Par malheur, le mode d'élection du Président tend à rendre le plus souvent impossible dans la pratique l'usage de tous les droits qui lui sont conférés. Ce chef du pouvoir qui devrait, comme nous venons de le dire, représenter l'unité et la constance du vouloir national, au-dessus des partis et des groupements éphémères, devient un simple commis de la Chambre, qui seule au fond le nomme, étant deux fois plus nombreuse que le Sénat. Il en résulte que celui qui devrait maintenir en respect le Parlement, au nom de la nation entière, se fait le serviteur de la Chambre dont il émane. Celle-ci s'efforce de le choisir inoffensif, inerte, tout prêt à se laisser pousser par elle en tous sens.

Notre démocratie roule alors dans un cercle vicieux, victime de ses trois institutions fondamentales, qu'elle n'a pas su mettre en équilibre en ramenant chacune à son propre objet. D'une part, la Chambre des députés demeure une pure collection de volontés individuelles qui, malgré leur prétention d'incarner la volonté nationale, ne représentent (plus ou moins infidèlement) que les volontés actuelles des plus nombreux et des moins éclairés. D'autre part, la Chambre haute est encore une collection analogue, un peu mieux triée, parce que le suffrage y est à deux degrés. Elle est moins voisine de la foule mobile, parce qu'on y a fait la part de certains intérêts régionaux un peu plus stables et un peu plus généraux que les intérêts représentés par les députés. Mais combien nos Chambres hautes sont encore loin de leur vrai rôle, qui serait, nous l'avons vu, d'opposer les fonctions organiques de la démocratie aux volitions changeantes de la majorité, pour les contrôler et les modérer ! Enfin le pouvoir exécutif devrait avoir une valeur propre, indépendamment du législatif ; mais, comme le législatif le choisit à son niveau et, s'il se peut, au-dessous, pour qu'il soit moins gênant, les trois pouvoirs qu'on prétendait séparer finissent par se confondre, le cercle se referme infranchissable, et c'est la Chambre des députés, ou plutôt la simple majorité de cette Chambre qui reste seule triomphante sur les ruines de tout le reste. Cette majorité, à son tour, n'étant que le triomphe d'un parti, c'est ce parti qui gouverne et asservit la nation. Grâce à cette série d'injustices qui s'enchaînent, nous ne sommes pas vraiment en démocratie ; nous sommes en oligarchie.

Les voies et moyens pour sortir du cercle sont du ressort de la politique appliquée : le sociologue, ici, ne peut guère que rappeler les grands principes. Il est manifeste que le mode de nomination du chef de l'exécutif appellerait une réforme ; que la Chambre des députés ne devrait pas avoir dans l'élection du Président un nombre de voix supérieur à celui du Sénat ; que l'élection par le Parlement seul rapetisse trop le Président, que, d'autre part, l'élection directe par le peuple, ou même par les conseils généraux, lui donnerait une importance exagérée, — sans compter que tout ce qui émane directement de la masse incompétente est un juste sujet de défiance. Un mode de nomination intermédiaire paraît préférable, comme celui qui confierait l'élection à un collège composé à la fois du Parlement et de délégués des grands corps constitués. Mais, quelque imparfaite que soit notre Constitution au point de vue théorique, des hommes intelligents et honnêtes pourraient encore en tirer un bon parti, s'ils consentaient, ce qu'on n'a pas fait jusqu'ici, à l'appliquer tout entière, à en respecter l'esprit et la lettre, au lieu de la fausser en la tournant toute au profit de la Chambre, par l'effacement anticonstitutionnel du Sénat et de la Présidence.

Outre un rôle plus actif du Président, ce qui pourrait fortifier l'exécutif, ce serait de protéger les ministres contre les solliciteurs de toutes sortes, y compris les députés et sénateurs. L'habitude de solliciter se répand de plus en plus sous un régime de démocratie qui devrait tout accorder au mérite, rien à la faveur (1).

Il faut tout à la fois donner aux citoyens des garanties contre les fonctionnaires et aux fonctionnaires des

(1) Me sera-t-il permis d'évoquer, comme on dit, un souvenir personnel au profit de questions tout impersonnelles. Il y a un certain nombre d'années, le ministre de l'Instruction publique (c'était alors M. Goblet) me pria de le remplacer dans une distribution solennelle de prix qui devait réunir au Trocadéro une énorme affluence d'instituteurs et d'institutrices, et il me demanda de prononcer un discours sur l'enseignement moral laïque dans les écoles. Séduit par l'importance du sujet, j'acceptai. Une fois parvenu dans la grande salle, on me montra le point précis où l'orateur doit se mettre pour être entendu ; je prononçai le discours en haussant la voix de mon mieux et réussis à me faire entendre ; mais je m'efforçai surtout de hausser la question et, comme c'est le devoir d'un moraliste, de la reporter vers les sommets. Je parlai, non sans émotion, de la patrie (on y croyait alors, ses plaies étant encore récentes) ; je parlai de l'humanité, dont le progrès dépend, pour une si forte part, de ceux qui sont chargés d'élever ses enfants. Et toutes ces paroles sincères trouvèrent écho dans la plupart des cœurs. Pourtant, au sortir de la salle, quelle chute sur terre ! Je fus assailli par une nuée de solliciteurs, de solliciteuses demandant une entrevue, qui en faveur de son mari, qui de son père, qui de son frère, qui de sa sœur. Je déclarai net que, pauvre philosophe, je ne connaissais même pas le ministre, sinon pour avoir causé avec lui dix minutes, et que j'étais sans la moindre influence dans les bureaux. Et je pris la fuite en me demandant : Que serait-ce si j'étais député, si j'étais sénateur, si j'étais M. le ministre en personne ? Au reste, il est incontestable que la situation matérielle et morale des instituteurs était et est encore digne du plus haut intérêt. Livrés pieds et poings liés par l'Empire aux préfets, qui les nommaient et surtout les destituaient, transformés en agents électoraux, eux les éducateurs de la jeunesse, maintenus aujourd'hui sans vergogne dans cette servitude par la République, qui en profite au mépris de ses principes — et le tout pour un traitement qui ne suffit pas à leurs besoins — comment les instituteurs n'auraient-ils pas la tentation et parfois l'obligation de solliciter ? Et comment ceux qu'ils sollicitent n'auraient-ils pas la tentation d'écouter le récit de leurs misères ?

garanties contre l'arbitraire de leurs chefs. Le premier résultat implique l'organisation d'une responsabilité effective et légale des fonctionnaires. Ceux-ci devraient, par exemple, répondre de leur ingérence dans les élections, des promesses et menaces qu'ils ont pu faire, de la captation des voix et de la corruption électorale à laquelle ils ont participé. D'autre part, les fonctionnaires ont besoin de ne pas être de simples instruments aux mains de leurs chefs, de ne pas être destitués dès qu'ils ne se montrent pas les serviteurs du ministre actuel ou du préfet actuel. Les grandes administrations devraient donc toutes avoir des conseils élus, comme celui de l'Instruction publique, et ces conseils devraient jouir de pouvoirs limitant l'omnipotence du ministre par une sorte de régime constitutionnel. Les maux du fonctionnarisme seraient diminués si on faisait une large part à l'élection dans les administrations publiques, tout en rendant très stricte la responsabilité individuelle des membres de chaque administration.

CHAPITRE VI

« Ce qui est principe pour la théorie, a dit Bacon, devient règle pour la pratique. » Et si les principes sont faux, les règles sont fausses. Voilà pourquoi nous avons insisté sur les erreurs des théoriciens de la démocratie, qui aboutissent, dans la pratique, à supprimer ou à paralyser l'élite de la nation. L'aristocratie naturelle est ce qu'il y a de plus nécessaire à la démocratie, quoique la tendance même de toute démocratie soit de s'insurger contre les supériorités. Pour bien comprendre le rôle de l'élite, répétons que l'esprit d'un peuple n'est pas seulement l'ensemble de tous les esprits particuliers, ni même ce qu'il y a de commun dans tous ces esprits particuliers ; au sein de chaque société se produisent, par la mise en contact des individus, des combinaisons spécifiques de phénomènes qui ont un caractère permanent et universel. Mais le sentiment de ces grands phénomènes fonctionnels n'existe pas chez tous les individus ; il ne se dégage que chez un petit nombre. C'est ce petit nombre qui constitue les hommes compétents ou l'élite intellectuelle. La vraie conscience nationale n'est pas plus dans la foule encore ignorante, dans le nombre brut, que la vraie conscience de l'organisme n'est dans la masse des cellules. Certes, au sein de la démocratie, nous avons vu que les droits sont égaux entre tous, et c'est là l'essentielle différence qui nous a paru caractériser l'organisme contractuel par rapport au corps vivant ; mais, si tous les hommes doivent être égaux devant la loi, si tous aussi doivent prendre part au contrat social et être consultés sur le choix de leurs représentants, encore est-il qu'on ne peut compter sur la masse des individus pour avoir la connaissance des intérêts universels. Certains démocrates ont voulu nier le rôle des « classes dirigeantes » ; il y a quelques années, n'est-ce pas un ministre même de l'Instruction publique qui parlait de les supprimer ? Ce serait là, croyons-nous, méconnaître une des vérités élémentaires de la sociologie et de la politique. Supprimerez-vous la tête d'un homme pour rétablir l'égalité de toutes ses parties ? Il ne faut pas entendre par classes dirigeantes des castes fermées ; ce sont de simples « couches sociales », toujours renouvelées et aspirant les souffles libres. Les parties supérieures d'une société n'en sont pas moins justement appelées dirigeantes, parce qu'elles peuvent et doivent déterminer la direction encore hésitante des changements sociaux. Elles jouent un rôle bienfaisant quand elles sont composées de ceux qui sont vraiment les « meilleurs » et qu'en même temps, ouvertes à tout talent réel, elles s'assimilent peu à peu les types les mieux réussis des autres couches.

Auguste Comte a excellemment montré l'influence que doit exercer l'élite morale et sociale d'un pays ; il a fait voir qu'elle se trouve aujourd'hui, vis-à-vis du gouvernement populaire, dans la même situation où, vis-à-vis de la monarchie absolue, se trouvait autrefois l'Église : de cette dernière seule pouvait venir alors le contrôle et, au besoin, l'opposition. L'élite, ajouterons-nous, a ce caractère de représenter l'intérêt *général* dans des esprits fortement *individualisés* et originaux. Le tort de la pseudo-démocratie, en nivelant tout, en faisant de la collection numérique des individus, par ses représentants et ses politiciens, la seule juge et la seule maîtresse, c'est de n'assurer à la supériorité d'esprit et de caractère ni ses moyens de manifestation, ni ses moyens d'action ; c'est de remettre le pouvoir à la médiocrité. Le vrai progrès de la démocratie doit consister dans la montée universelle de la nation à la suite de son élite intellectuelle et morale.

Chez nous, les classes qui se prétendent aujourd'hui supérieures, notamment la bourgeoisie (inférieure sous tant de rapports), manquent à toutes leurs obligations quand elles rabaissent, avec le niveau de leur instruction et de leur éducation, celui de leurs idées et de leurs sentiments ; quand elles donnent aux masses laborieuses l'exemple d'une vie sans idéal, d'une littérature sans pudeur, d'une presse sans foi, d'une spéculation sans loyauté, d'une politique sans fermeté et sans dignité. Elles trahissent aussi leurs devoirs, quand elles se font, par intérêt et par calcul, les humbles servantes des foules, au lieu de les éclairer et de les diriger. Il en résulte que, dans notre démocratie encore incertaine, ce sont à la fois « les hommes qui manquent aux institutions » et les institutions qui manquent aux hommes. Les institutions, nous l'avons vu, ont le vice fondamental de remettre tout aux majorités brutes, par conséquent aux minorités assez peu scrupuleuses pour s'emparer des majorités mêmes et pour les tourner à leurs propres fins. D'autre part, les hommes d'élite sont écartés avec soin par la masse qui possède le pouvoir, *beati possidentes* ; souvent aussi ils se mettent eux-mêmes à l'écart et se croisent les bras, désespérant de rien changer au cours des choses. Nous avons fait voir que le principal remède à cette abstention volontaire ou forcée, c'est de rétablir, dans les pouvoirs publics, la part des valeurs à côté de celle des nombres, c'est de faire une place aux institutions qu'on pourrait appeler qualitatives et organiques à côté des institutions quantitatives et arithmétiques. Si l'on assure aux personnalités d'élite l'accès des pouvoirs divers, leur influence y fera prévaloir les idées désintéressées. Dans la cohue des Chambres, les égoïsmes opposés, par leur division et leur contradiction, tendent à s'annuler mutuellement ; qu'une voix se fasse entendre qui parle au nom de la justice et de l'intérêt commun, cette voix éveillera les sentiments généraux et généreux qui sont au-dessus des partis et qui se résument dans l'amour de la patrie. A moins qu'une nation ne soit tombée dans la plus profonde décadence et, pour ainsi dire, dans la pourriture, ses représentants retrouveront toujours dans leurs cœurs, aux occasions solennelles, un fonds de sentiments désintéressés, prêts à éclater au jour. Ainsi se sont produites et se reproduiront les nuits du 4 août.

Ceux qui ont la conscience des droits universels en ont aussi, par cela même, la garde : ils doivent s'unir pour la défense du droit et s'opposer à ceux qui le compromettent. Quand une opposition ne représente que des coalitions de regrets et d'intérêts particuliers, elle contient, comme l'a fort bien dit un philosophe, « un germe de mort » (1) ; mais toute minorité qui lutte avec désintéressement pour un idéal de justice peut acquérir une puissance incomparable, car elle est « soutenue par la conscience obscure de tout un peuple ». Comme une action morale et intellectuelle de ce genre n'a point à s'user dans la conciliation des

_____

(1) M. Payot.

intérêts divers et que « l'offensive est toujours tôt ou tard victorieuse contre un ennemi acculé à la défensive », l'opposition morale et intellectuelle de l'élite, si elle est continue et active, est sûre de vaincre. Loin de se décourager, ceux qui ont souci de l'avenir doivent considérer l'espérance comme un devoir. Ce n'est point d'en bas, c'est d'en haut que peut venir le mouvement de régénération, l'effort premier contre les maux dont souffre la patrie; la tâche la plus importante incombe donc aux minorités les plus éclairées. Qu'elles se persuadent bien que leurs devoirs augmentent sans cesse, augmenteront toujours à mesure qu'elles les accompliront mieux. Et peut-être la masse leur sera-t-elle de moins en moins reconnaissante du devoir accompli. Est-ce une raison pour s'y soustraire ? Ce n'est pas par intérêt pour nous que nous devons faire le bien de tous. Le progrès même de la justice nous oblige à plus de justice encore.

LIVRE II

L'IDÉE DE PATRIE
LE NATIONALISME ET L'INTERNATIONALISME

LIVRE II

L'IDÉE DE PATRIE
LE NATIONALISME ET L'INTERNATIONALISME

I

VALEUR SCIENTIFIQUE DE L'IDÉE DE PATRIE

On a bouleversé le monde avec des mots.

Nationalisme et internationalisme sont de ces termes qui n'ont aucun sens précis. Ils servent aux partis politiques pour entraîner les foules. Chacun y met ce qu'il veut et masque ses intérêts de parti ou de classe sous une apparence d'idée généreuse : nation, humanité.

Le nationalisme exclusif est une erreur sociologique et une injustice morale. Erreur, puisque aucune nation n'est un tout fermé, qui se suffirait à soi-même sous le rapport de la causalité, qui aurait en soi son unique valeur sous le rapport de la finalité. Injustice, puisque l'amour de notre patrie n'implique en rien la haine des autres organes du genre humain, pas plus qu'il n'implique la haine de la famille ou la haine de soi. Pour aimer, il n'est jamais nécessaire de haïr. Certains nationalistes égarés, pour défendre la patrie, la mettent en opposition avec toutes les idées généreuses ; ils la font, comme on l'a dit, synonyme de haine, de guerre, de bestialité. En représentant ainsi la nation comme je ne sais quel monstre au-dessus du droit, ils dénaturent et avilissent l'idée de patrie en même temps que celle d'humanité.

Ces excès du faux patriotisme ne doivent pas nous faire méconnaître les fondements scientifiques de l'idée de patrie. L'amour de la nation, suivant quelques-uns, serait « irrationnel » et devrait rester religieusement « irraisonné » ; pour être patriote, il faudrait, dit M. Barrès, se laisser aller aux « instincts sous-jacents », avec la foi du charbonnier. — Sans nier la part des instincts et de l'inconscient, nous soutenons que l'idée de patrie est rationnelle et que l'amour de la patrie est raisonnable. C'est un sentiment qui, comme tous les sentiments intellectuels, esthétiques et moraux, enveloppe une énorme complexité d'idées combinées en un tout vivant. La première de ces idées, plus ou moins confuse et obscure, est celle d'organisme par opposition au simple agrégat d'individus. Nation et famille sont des *touts naturels*, où nous ne pouvons pas ne pas nous sentir traversés par un torrent de vie qui nous dépasse. En même temps qu'une union organique, nous avons vu plus haut qu'un peuple est, sans la moindre contradiction, une union volontaire. Les nouveaux venus n'acceptent-ils pas la patrie et son organisation, comme l'être vivant accepte ses membres et son corps ? Non seulement une nation enveloppe un certain nombre de *quasi-contrats*, mais, en elle-même, elle est plus encore : elle constitue un contrat véritable, quoique implicite, lequel embrasse d'autres contrats plus ou moins explicites. Enfin il faut admettre, sinon une « conscience sociale », comme celle qu'imagine M. Espinas, du moins une conscience *commune*, consistant dans la portion commune des diverses consciences individuelles. Cette portion peut aller en s'élargissant et en s'unifiant tout ensemble, de manière à se rapprocher progressivement de la vraie conscience que nous saisissons dans *notre moi*. C'est le but même de la démocratie.

Certains socialistes dénoncent à tout moment « les trois conventions-mères : propriété, famille, patrie ». C'est par convention, paraît-il, que ce qui n'aurait pas existé sans mon travail ou n'existerait plus sans mon épargne m'appartient. C'est aussi par convention que nous avons une mère, un père, des frères et des sœurs ; c'est par convention que nous sommes nés en France, non en Chine, immédiatement liés à des Français, non à des Chinois. Loin de voir là du conventionnel, il faut reconnaître qu'aucun lien n'est plus naturel.

Jusqu'ici, sans doute, l'histoire nous a montré les patries plus petites et plus faibles absorbées par les plus grandes et les plus puissantes ; mais nous ne pouvons juger l'avenir uniquement d'après le passé, ni prévoir que la France sera mangée par l'Allemagne plutôt qu'unie à l'Allemagne en une fédération pacifique. En tout cas, sous le prétexte que la France *peut* être un jour conquise par l'Allemagne, il serait étrange, dès à présent, de livrer son cœur à l'Allemagne et de préparer la défaite de la France par la dissolution de l'esprit français. Notre devoir est le devoir d'aujourd'hui, non celui du quarantième siècle. Ce quarantième siècle, nous devons dès à présent le préparer *dans ce que nous en connaissons* ; mais qu'en connaissons-nous ? Rien, sinon qu'il aura besoin des mêmes vertus civiques, ou à peu près, que le nôtre, du même dévouement à l'ensemble, quel que soit le nom qu'on donnera alors à cet ensemble : patrie ou fédération, ou quoi que ce soit.

Les petits États allemands, dira-t-on encore, formaient autrefois de petites patries ; les habitants de ces États devaient-ils donc avant leur unification, en 1871, rester attachés exclusivement à leur Wurtemberg ou à leur Saxe ? — Nous répondrons que, en fait, les Allemands tendaient à leur unité et qu'aujourd'hui les Saxons ou les Wurtembergeois, citoyens de l'Empire, n'ont nullement perdu pour cela leur patrie. Si, au contraire, la France devenait allemande, serait-elle encore la France ? Et où sont les Français qui aspirent à devenir sujets de l'Allemagne ? Les *hervéistes* eux-mêmes en éprouvent-ils le besoin ? Ils se contentent de dire : « Cela m'est égal ».

D'après ce qui précède, la rationalité et la réalité de la patrie sont justifiées par la science. On peut reculer les limites de la patrie, on peut en perfectionner la structure et les fonctions ; on ne peut entièrement la détruire ; devînt-elle *mondiale*, elle serait toujours la patrie. Concluons donc que, dans l'avenir, on n'assistera ni à une dissolution, ni même à une transformation foncière de l'idée de patrie ; on en verra seulement une épuration et une interprétation théoriquement plus vraie, pratiquement plus juste. Certes, toutes les patries n'ont ni la même valeur, ni le même avenir. Il en est d'étroites que n'anime aucune grande idée et qui ne peuvent se conférer à elles-mêmes aucune véritable mission au sein de l'Humanité. Celles-là sont destinées à disparaître peu à peu. Mais il est des patries qui sont et se conçoivent elles-mêmes comme des membres nécessaires de l'humanité. Que ces patries s'unissent un jour pour former les États d'Europe, c'est ce que nous devons vouloir et c'est ce qui arrivera tôt ou tard ; mais l'Angleterre, la France, l'Allemagne, l'Italie, l'Espagne ne cesseront pas pour cela d'avoir leur génie propre. L'*idée* de la France ne pourra se dissoudre que si, dans la réalité, la France même se dissout. C'est ce qui n'arrivera pas d'ici à longtemps : le vouloir-vivre inhérent à un peuple saura toujours, en cas de danger, faire surgir les grandes idées qui sont ses forces.

II

PATRIE ET HUMANITÉ

Si la patrie est déjà réelle et rationnelle tout ensemble, l'humanité, en tant que tout organique, n'est encore qu'un *idéal* rationnel. Sans les peuples où elle se réalise imparfaitement, elle ne serait même qu'une abstraction. Au point de vue biologique, l'unité de l'espèce humaine n'est point démontrée, — pas plus d'ailleurs que sa multiplicité. La seule chose certaine, c'est qu'il existe actuellement d'assez grandes différences, soit physiologiques, soit psychologiques et sociologiques, entre Européens, Africains, Asiatiques, pour qu'il soit difficile de considérer l'humanité comme déjà *faite* et *existante*. N'y a-t-il pas des sociologues, tels que M. Durkheim, qui reprochent à Comte son idée de l'Humanité et qui soutiennent qu'il existe seulement des humanités, des races et des peuples? Certes, le prétendu Grand-Être, c'est-à-dire l'Être humain, n'est qu'une idée, et le chef du positivisme est un idéaliste sans le savoir. Cette idée n'en est pas moins *vraie*, fondée sur les traits identiques de la nature humaine, principalement sur des caractères intellectuels et moraux qu'on retrouve partout. La justice et la bienveillance sont possibles pour tout homme ; tout homme fait donc partie de l'humanité *morale*.

Il s'ensuit que nous devons travailler à la réalisation de l'idée-force d'humanité, mais non en détruisant d'abord notre patrie. Celle-ci est une des conditions présentes de l'unité à venir. En premier lieu, c'est une loi *biologique* qu'il n'y a pas d'organisme sans organes particuliers; le moyen de faire croître et grandir un être vivant, ce n'est donc pas d'en mutiler ou d'en anémier une partie essentielle. Plus un organisme est complexe, plus la différenciation des organes y est grande, en même temps que leur coopération finale est plus étroite. Cette loi s'applique aux sociétés. Elle rend nécessaires, entre l'atome individu et le grand tout humanité, si mal unifié encore, les organismes plus vivants et mieux liés de la famille et de la patrie. En second lieu, c'est une loi *psychologique* que les sentiments vont du concret à l'abstrait, du particulier au général. L'amour de la famille est donc une nécessaire initiation à celui de la patrie, l'amour de la patrie est une nécessaire initiation à celui du genre humain. Selon le côté par où on l'envisage, la patrie n'est-elle pas une plus grande famille ou une plus petite humanité? Supprimez ce moyen terme, vous rendrez impossibles les extrêmes, tout au moins le plus abstrait et le plus général, pour ne laisser subsister, en sa réalité concrète, que le « cher moi ».

On a dit justement : « internation suppose nation ». La nature ne procède pas par juxtaposition d'éléments homogènes, mais « par développement d'organismes partiels ». L'organisme national a des caractères propres qui montrent comment il sert à préparer un organisme plus vaste et plus largement humain. Une des notables différences entre la vie nationale et la vie purement animale, c'est que chaque animal a son propre système nutritif, son système distributeur et circulatoire, son système régulateur et directeur, sans connexion immédiate avec les appareils correspondants des autres animaux. Les organes alimentaires d'un animal ne préparent pas la nourriture aux organes d'autres animaux, ses vaisseaux sanguins ne leur apportent pas le sang, son cerveau ne coopère pas à la direction de leurs mouvements, sinon d'une manière indirecte. Le cas est différent pour la vie organique des nationalités, du moins dans les temps modernes. Jadis concentrées sur soi et renfermées en soi, la *tribu* et la *caste* vivaient d'une vie égoïste, avec leurs coutumes propres, avec leur dieux jaloux. Elles n'apercevaient en dehors d'elles-mêmes ni leur cause ni leur fin. Aujourd'hui, les patries sentent qu'elles n'existent pas pour elles seules, que leur vie est un fleuve qui va se perdre dans la grande mer humaine. Au point de vue économique, les richesses ne coulent pas seulement à l'intérieur des États, mais à l'extérieur. Les fonctions intellectuelles ignorent de plus en plus les limites tracées par l'histoire. Gladstone a eu raison de dire que chaque train qui passe une frontière tisse la trame de la fédération universelle.

De cette loi d'action réciproque, qui prépare de loin l'union des corps nationaux en un corps plus vaste, dérive pour l'individu une conséquence importante. Un même homme, tout en restant dans sa propre patrie, peut appartenir à des *sociétés* diverses. Un même élément social peut s'unir à plusieurs groupes à la fois, distants de milliers de lieues; il peut jouer son rôle dans plusieurs organismes plus ou moins développés. On voit même, par-dessus le temps et l'espace, se former des communions morales tout à fait étrangères à la vie physiologique. Terres et mers n'empêchent pas les unions religieuses, philosophiques, scientifiques, économiques. C'est que le lien collectif est alors, comme nous l'avons déjà remarqué, dans des idées-forces que peuvent partager en commun des individus séparés par l'espace. Il se fait ainsi, selon l'expression

d'un philosophe (1), une « socialisation » progressive
des habitants des divers pays, qui atténue leurs différences et, avec ces différences, les antipathies ins-
tinctives. Mais le vrai patriotisme n'est nullement fait
d'antipathies, encore moins de haines : il est fait de
sympathies, de mutuel attachement et de mutuelles
obligations; les antipathies pour l'étranger peuvent
et doivent disparaître sans que cessent à l'intérieur les
sympathies des concitoyens.

Il y a chez chaque peuple « ce qu'on voit et ce qu'on
ne voit pas ». Les qualités les plus profondes et les
plus précieuses des nations sont précisément les plus
cachées, celles qu'on ne voit pas et qu'on ne peut pas
voir; leurs défauts, leurs vices et leurs ridicules, au
contraire, sautent aux yeux. Aussi, mieux on connaît
les nations, plus on les apprécie. Pour notre part, en es-
sayant de pénétrer (combien imparfaitement !) dans
l'esprit des peuples européens, nous n'en avons trouvé
aucun qui ne fût digne d'estime, d'admiration et même
d'amour (2). Il n'en reste pas moins vrai de dire, avec le
président Roosevelt, dont on se rappelle les paroles en-
flammées en faveur du patriotisme : — Celui qui prétend aimer les autres nations *autant* que la sienne est un
dangereux compagnon, tout comme celui qui aime les
femmes des autres autant que la sienne, et parfois plus.

On a dit que les intérêts qui se lient par-dessus
les frontières forment une solidarité internationale
*qui ne peut se fortifier sans affaiblir d'autant la so-
lidarité nationale* (3). Est-ce bien sûr ? La solidarité
internationale relative aux blés, aux métaux, aux pro-

____

(1) M. Darlu. Voir, dans la *Revue de métaphysique et de morale*, t. XII,
l'intéressante discussion sur l'idée de patrie, à laquelle nous avons pris part
nous-même en écrivant ces pages.

(2) Voir notre *Esquisse psychologique des peuples européens*.

(3) M. Darlu, *ibid.*

duits de l'industrie, n'entraîne pas l'affaiblissement
de la vraie solidarité nationale, qui n'a aucun rapport
essentiel avec la question des blés et des métaux.
Nous dirions plutôt, pour notre part, que l'établissement de certaines solidarités internationales, d'ordre
économique, purifie la vraie solidarité nationale et
morale des éléments étrangers qui l'adultéraient, qui
la déplaçaient, qui la faisaient porter sur l'accessoire
aux dépens de l'essentiel. Le patriotisme ne consiste pas à ne vouloir acheter que des outils français, à
repousser les machines anglaises ou américaines.
Qu'il s'agisse des postes, des télégraphes, des mon-
naies, des douanes, de l'hygiène terrestre et maritime,
de la défense contre la peste ou le choléra, le patriotisme ne perdra rien à ce que s'établissent des conventions internationales. Nous voyons des conférences
se réunir pour protéger la propriété artistique et littéraire; d'autres ont pour objet « la suppression de la
traite », l'interdiction « de la vente d'armes et de spi-
ritueux aux peuplades nègres »; d'autres prennent
pour but la « protection des blessés »; enfin des congrès scientifiques, philosophiques, religieux, économiques font circuler les idées et les connaissances
d'une nation à l'autre. Chacun aime-t-il moins sa patrie
pour cela ? Non, mais tous aiment davantage l'humanité.

La science, dit-on, n'a pas de patrie, ni la philosophie, ni l'art, ni la religion. — Nous croyons que l'art
a une patrie : ce n'est pas sans raison que l'on parle
de la sculpture grecque, de la peinture italienne, de
la symphonie allemande. La religion même a eu des
patries : le polythéisme grec s'est opposé au mono-
théisme hébreu comme au panthéisme hindou. On
peut aussi distinguer une philosophie grecque, une
philosophie française, une philosophie allemande, une

philosophie anglaise. Seule, la science positive n'a pas de patrie et roule sur des vérités entièrement objectives, bien que M. Barrès ait parlé de la « vérité française » ! Quoi qu'il en soit, l'amour de la science, de la philosophie et de tous les objets universels n'exclut en rien les sentiments et obligations d'ordre particulier qui, précisément, ont leur justification dans la science et dans la philosophie. Le patriotisme ne limite en rien la science, il est d'un autre ordre ; la science ne limite en rien le patriotisme : elle le fonde.

III

L'INTERNATIONALISME COMMUNISTE

Ce sont certaines écoles, ou communistes ou anarchistes, qui voudraient exclure l'idée de patrie. Parlons d'abord des écoles communistes. Elles essaient de ramener tous les genres de groupement et de societé au simple groupement économique pour la *production*, la *distribution*, la *consommation*. C'est là, croyons-nous, sous couleur d'idéalisme humanitaire, un « matérialisme économique » contraire à la science, contraire même à un socialisme mieux entendu. Toute vraie réforme sociale a pour objet, non pas seulement plus de « richesse » ou plus de « bien-être matériel » au profit d'une classe, ni même de *toutes les classes*, mais un développement supérieur de la vie humaine, en *qualité*, chez tous les membres de tous les groupes sociaux (1). Or, ce développement intellectuel et moral, en même temps que matériel, suppose une commune éducation, des ins-

____

(1) Voir notre livre : *le Socialisme et la Sociologie réformiste.*

titutions appropriées de droit commun et de défense commune. Ces institutions d'intérêt général et de justice pour tous ne sont plus de l'ordre proprement *économique*. Elles impliquent une direction centrale, élevée au-dessus des groupements particuliers. Comme cette direction ne peut embrasser l'humanité entière, depuis les Mandchoux jusqu'aux Zoulous, elle doit embrasser ceux qui sont déjà unis de fait par les liens historiques et juridiques, par la langue, organe d'une certaine façon particulière de penser et de sentir, par une civilisation commune et de communes traditions, par des services réciproques à travers les siècles et une étroite coopération de chaque jour, en un mot par une vraie solidarité de droits et d'intérêts nationaux. Cette solidarité se détache d'une manière effective sur le fond trop vaste et trop vague de l'humanité en général. comme un astre se détache de la nébuleuse qui l'enveloppe. Aussi tout *socialisme* soucieux des vrais intérêts moraux et sociaux, non pas seulement des jouissances matérielles, s'oppose-t-il au *communisme*, qui tend à détruire les principaux organes de la vie sociale : personnalité autonome, famille, patrie.

L'internationalisme anti-patriote reproche à la patrie d'être une institution bourgeoise ou capitaliste, comme si la France démocratique de la Révolution n'avait jamais considéré les droits de tous; comme si ses lois, quelque imparfaites qu'elles soient encore, n'étaient pas toujours perfectibles et plus faciles à perfectionner que des lois internationales embrassant toute la terre; comme si ces lois ne protégeaient pas dès à présent les ouvriers et ne pouvaient pas les protéger de plus en plus; comme si enfin ces mêmes lois ne mettaient pas aux mains de l'ouvrier un bulletin de vote, garant de sa puissance croissante !

L'internationalisme reproche encore au sentiment

patriotique de détourner l'attention des prolétaires de leurs intérêts de *classe*, et ce reproche est un aveu ingénu d'égoïsme, par lequel on fait abstraction des intérêts intellectuels et moraux de la nation et de l'humanité. Le communisme, il est vrai, rêve une vaste « société mutuelle d'assurances » qui embrasserait l'humanité entière ; mais c'est là encore une conception étroitement économique, qui suppose que les relations civiles, politiques et sociales sont toutes réductibles à des questions de pur intérêt et de pure défense contre certains maux. D'ailleurs, même en nous plaçant à ce point de vue économique, nous voyons encore que les deux grandes lois de division du travail et de coopération exigent, pour leur réalisation pratique, les organisations intermédiaires entre l'individu et le genre humain. Chaque pays a ses productions, ses aptitudes spéciales à l'agriculture, à l'industrie, au commerce ; il a sa situation propre et ses débouchés sur terre ou sur mer. On n'empêchera jamais l'Angleterre d'être une île, la Russie un vaste continent sans grand contact avec la mer. De là des communautés naturelles de travaux, de production, de consommation. Et ces solidarités d'intérêts économiques, jointes à la sympathie des esprits, engendreront toujours des solidarités d'ordre juridique, d'ordre intellectuel, d'ordre politique.

Faut-il le dire ? Nous craignons que l'apparent « humanitarisme » de certains collectivistes et communistes ne recouvre trop souvent, sous un nom généreux, des intérêts matériels de classe. Il est des hommes qui substituent à la patrie des Français la patrie des prolétaires, comme d'autres y substituent la patrie des capitalistes. Les collectivistes travaillent à former ce qu'ils appellent une conscience de classe pour remplacer la conscience nationale. Ils emploient pratiquement les mêmes moyens que le nationalisme a employés au profit des nations, notamment la guerre ; ils remplacent seulement les luttes internationales par la lutte des classes, quelquefois par celle des appétits. Le secrétaire de la Bourse du travail de la Seyne s'écrie : « La patrie de l'ouvrier, c'est son ventre » ; que n'ajoute-t-il, pour descendre plus bas encore : « La famille de l'ouvrier, c'est son bas-ventre ? » L'internationalisme n'aurait dû être qu'une entente pacifique entre tous les ouvriers de tous pays sur les conditions du travail qui peuvent devenir collectives et collectivement *légales* ; mais, déviant de son but, il a provoqué, au profit d'un communisme vague, la méconnaissance et l'oubli du vrai devoir national. En outre, il s'est montré peu conséquent avec lui-même dans la pratique. Il a eu beau proclamer théoriquement la suppression de toute barrière nationale et l'embrassement universel des travailleurs, toutes les fois que des étrangers ont pénétré dans un pays, on a vu les ouvriers les plus internationalistes demander violemment à l'État de protéger le travail national, d'imposer des taxes aux concurrents venus du dehors. L'État ne le faisant pas, ils se sont trop souvent chargés eux-mêmes d'expulser par la force ces concurrents pour lesquels ils professaient un amour platonique. Ne faisons point passer les besoins ou les griefs de notre classe, quelque justes qu'ils puissent être, avant les grands intérêts universels dont chaque nation est, pour sa part, dépositaire et dont la France s'est en quelque sorte proclamée la prêtresse.

Le communisme implique l'internationalisme en ce sens que, sa réalisation étant impossible pour une nation à l'exclusion des autres, il est obligé de poursuivre la *socialisation* universelle de la propriété, non pas seulement sa nationalisation ; mais c'est ce qui le renvoie, selon nous, aux calendes de l'avenir le plus problématique.

Concluons que la presbytie des internationalistes, pas plus que la myopie des nationalistes, ne constitue une vue normale des choses. Aucun culte de l'humanité en général, fût-il le plus désintéressé du monde, ne dénoue nos liens de *solidarité* plus immédiate et ne supprime nos *dettes* plus précises envers notre patrie, à laquelle nous sommes directement redevables de la plus grande partie de ce que nous sommes. Puisque nous nous trouvons enchaînés à nos compatriotes par des promesses formelles ou implicites, qui portent sur une multitude de points relatifs à notre vie en commun et à notre échange de services réciproques, commençons par acquitter nos dettes les plus prochaines, celles envers notre patrie, si nous voulons acquitter effectivement, et non en paroles, nos dettes envers la lointaine humanité. Quand je vous achète une maison, mes obligations envers la grande famille humaine ne me dispensent nullement d'exécuter le contrat passé avec vous. Il serait trop commode de payer ses dettes ou ses impositions en amour du genre humain.

IV

L'INTERNATIONALISME LIBERTAIRE

Les anarchistes et libertaires s'insurgent, eux aussi, contre l'idée de patrie : ils voient dans le « conformisme national » une entrave à leur liberté, dans « l'esprit de troupeau », un obstacle à leur propre développement intellectuel. Ils oublient que, en dehors de l'humanité et, plus particulièrement de la nation ou de la famille, l'homme réduit à lui-même ne serait plus qu'un simple animal. Tout malheureux qui veut être émancipé contre la société ne voit pas qu'il

ne peut être émancipé que dans et par la société.
Que l'anarchiste commence donc par se libérer de la
langue de sa nation et de son troupeau ; qu'il se fabrique, en dehors de ce « conformisme », une langue à
part. Encore ne le pourra-t-il faire qu'avec les idées
et sentiments *conformes* reçus de l'héritage national. « Nous autres sans patrie ! » s'écrie Nietzsche.
Autant dire : — Nous autres abeilles sans ruche, four-
mis sans fourmilière, individus sans parole, sans
sciences, sans arts, sans mœurs, sans humanité. « Nous
autres sans patrie ! » Mais, dans la même page, Nietzsche
s'écrie : « Nous autres bons Européens ! » Or, l'Europe
est encore une autre patrie, dont Nietzsche exclut
même les Turcs. Au fait, que fera-t-on des Turcs ? En
admettant qu'un jour l'Europe (y compris les Turcs) et
même l'Amérique constituent une seule unité, sans
division de frontières nationales, cette unité constituera
encore une « patrie » par rapport aux noirs et aux
jaunes. Les internationalistes veulent-ils que, dès
aujourd'hui, aucune « frontière » ne nous sépare des
Dahoméens et de leurs sacrifices sanglants, des Tar-
tares et de leur vie de pillage ? D'ici à ce que tous les
habitants de la terre soient animés d'un même esprit,
régis par les mêmes institutions démocratiques, ou même
« socialistes », ou même « libertaires », il est supposable
qu'il s'écoulera quelques siècles ; or, c'est au vingtième
siècle que nous vivons, non au cinquantième. Peut-être
un jour communiquerons-nous avec les habitants de
Mars ; en attendant, nous sommes des terriens et,
même après les communications interplanétaires, nous
resterons des terriens ayant une patrie, la Terre.

V

LES PERSPECTIVES INTERNATIONALES

La politique française, sous le régime de la démocratie, a le mérite de puiser sa principale force dans les idées vraies et justes ; le culte de la violence ou de la ruse lui est interdit : noblesse oblige. Elle ne saurait oser ce qu'ose, par exemple, la politique prussienne, dont les Polonais ont fait récemment l'épreuve lorsque l'on a fait voter aux députés prussiens la loi sur l'expropriation des Polonais (1). Tandis que nous professons un idéalisme

(1) La politique prussienne tend à fausser la conscience morale du noble et glorieux pays qui a vu naître Kant. Elle y a déjà réussi en partie. Ce ne sont pas seulement des journalistes plus ou moins reptiliens, des historiens habitués à trouver dans l'histoire des arguments pour toutes les causes, des littérateurs, théologiens, philologues et ethnologues errant loin de leur sphère, ce sont trop souvent des philosophes eux-mêmes qui, en Allemagne, s'efforcent de justifier le droit de conquête et, en général, le droit du plus fort, qu'ils décorent des noms de droit historique, de droit ethnique, de droit linguistique, ou encore de droit divin et de mission divine, ou encore, en termes pseudo-scientifiques, de sélection naturelle, de concurrence vitale aboutissant au triomphe des mieux doués. Les « droits de l'homme et du citoyen », que Kant avait admis et philosophiquement démontrés, le droit des peuples à s'appartenir et à disposer librement d'eux-mêmes, on rejette tous ces grands principes de la démocratie au nom de doctrines à la fois mystiques et brutales ; on renie tous les progrès de la conscience moderne au nom des vieilles conceptions du moyen âge. Il semble que l'esprit humain n'ait pas marché et que le droit du vingtième siècle soit toujours celui de Barberousse ou de Frédéric II, celui des siècles antérieurs aux gouvernements libres, et fondés sur la volonté nationale. Oppression de la Pologne, où on ne parle pas allemand et qui n'a rien de la race allemande, droit historique ! Conquête de l'Alsace, où on parle allemand et qui appartint jadis à l'Allemagne, mais qui était devenue française de cœur et voulait énergiquement rester française, droit historique ! Conquête de la Lorraine, où on ne parle pas allemand et qui était, elle aussi, profondément française de cœur et de volonté, droit historique ! C'est toujours, en termes plus doctes, le discours du loup à l'agneau. Si l'Italie conquérait demain l'Allemagne sous prétexte que celle-ci appartint jadis aux Romains, serait-ce encore du droit historique ?

Frédéric, dit le Grand, a prononcé la cynique parole : « Prenons d'abord la Silésie : il se trouvera ensuite des juristes pour prouver que nous en

généreux, le réalisme fait toujours le fond de la politique allemande, anglaise, italienne, américaine. Ce réalisme a sa base dans une conception incomplète des sociétés. Ne considérez dans les nations que le côté de l'*organisme*, et vous aboutirez à la théorie purement biologique ou animale des sociétés, si à la mode hors de France. Nietzsche en est le plus sincère représentant ; il a su exprimer avec franchise cette justification de la conquête qui s'appelle aujourd'hui, par euphémisme, théorie de l'expansion et de la croissance (1). Pour M. Max Nordau, les vaincus représentent « une espèce biologique inférieure », — comme si, par exemple, le petit peuple des Boers était une espèce inférieure au grand peuple anglais, comme si le peuple allemand vaincu à Iéna avait été une espèce biologique inférieure et, victorieux à Sedan, était devenu une espèce biologique supérieure ! D'autre part, ne voyez dans une nation que le côté contractuel, que l'association *ad libitum* d'individus abandonnés à leur pleine liberté, vous aurez le rêve internationaliste, plus fréquent en France qu'ailleurs : simples groupements d'intérêts communs ou d'idées communes, sans État, sans patrie. Si les partisans du chauvinisme nationaliste, brutal et guerrier, ne voient que l'animalité des nations humaines, ceux du chauvinisme humanitaire et idyllique ne voient chez

avions le droit. » Aujourd'hui l'épée de Frédéric ne trouverait pas seulement à son service des juristes prussiens, mais des philosophes prussiens. Pour nous, philosophes français, amis de tous les peuples et serviteurs de tous les droits, nous qui élevons au-dessus de tout l'humanité et la justice universelle, nous ne pouvons que protester contre les actes de violence ouverte ou déguisée qui portent atteinte à la liberté des hommes et des nations. Nous n'empêcherons pas les chanceliers de fer d'employer le fer, mais les chanceliers passent et la vérité reste. Les idées ont aussi leur force ; elles l'ont prouvé plus d'une fois, et peut-être, par le progrès ou la conscience publique, arriveront-elles un jour, pour une large part, à mener le monde.

(1) Voir notamment, entre tant de passages, la *Volonté de puissance*, § 334, § 454.

les hommes ou peuples que de purs esprits. Les nations ne sont ni ange ni bête, et, si la France veut faire l'ange, elle fera la bête.

Nous avons essayé de montrer, dans notre *Esquisse d'une psychologie des peuples européens*, que l'on ne se fait pas une juste idée de la force du sentiment national et même nationaliste à l'étranger. Tourgueneff disait jadis : — Mettez dix Français ensemble, ils parleront théâtre, concert, frivolités ; dix Anglais, ils parleront des prix du coton ou du fer ; dix Allemands, de l'unification allemande ; dix Italiens, de l'Italie une et libre ; dix Russes, des grandes destinées de la Russie. — Aujourd'hui, Anglais et Américains ne s'entretiendront pas seulement de coton ou de fer, mais de « l'expansion » de l'Empire, de la « vie intense et énergique ». Quant aux Français, osons croire qu'ils ne parleront pas seulement frivolités : ils se disputeront les uns pour, les autres contre le nationalisme ou l'internationalisme, les uns pour, les autres contre la démocratie, les uns pour, les autres contre la propriété, l'héritage, etc. ; ils donneront au monde le spectacle de leurs discussions spéculatives. Le point de vue des idées générales et généreuses, auquel le Français se place plus volontiers, ne doit pas nous faire oublier ce qui se passe autour de nous, dans les autres pays d'esprit plus positif, plus nationaliste et plus militariste. On peut monter vers l'idéal humain sans tomber dans l'utopie. Qu'on nous permette de le rappeler, dans *la France au point de vue moral*, dans *la Psychologie du peuple français*, dans *les Éléments sociologiques de la morale*, nous avons combattu de toutes nos forces les préjugés guerriers et militaires. Nous avons montré ce qu'il y a de faux dans la nécessité des guerres pour le progrès, dans les théories de Hegel et de Cousin sur la fonction providentielle de la guerre, sur le triomphe de l'Idée par la force, sur la prétendue supériorité de ceux qui réussissent grâce à leurs gros canons et à leurs gros sacs d'écus. Nous avons fait voir que les vertus dites guerrières, courage, patience, ordre, endurance, discipline, dévouement au bien commun, sont, au fond, des vertus *civiques*, qui trouvent à s'exercer encore mieux dans les luttes pacifiques contre la maladie, contre le crime, contre la misère, contre tous les maux de la société. Nous avons montré le déchaînement des passions brutales dans la guerre et, en pleine paix, la démoralisation de la jeunesse par le militarisme chronique. Nous avons insisté aussi sur les effets désastreux de la guerre au point de vue de la sélection; nous avons fait voir chez les nations belliqueuses l'analogue d'un troupeau qui, exclusivement défendu par ses membres les plus forts et les plus jeunes, tandis que les plus faibles et les plus âgés seraient presque seuls à se reproduire, préparerait lui-même sa dégénérescence. Nous avons conclu que *le premier des devoirs, surtout dans une démocratie, est de travailler à la disparition de la guerre.* Mais, s'il faut prêcher la paix, ce n'est pas la paix à tout prix, la paix au prix de la France, la fausse paix qui serait le meilleur moyen de ramener le triomphe de la guerre. Notre état de nature avec les animaux est un état de lutte; il serait fort désirable de vivre en paix avec les moutons, au lieu de les manger, et avec les tigres, au lieu d'être mangés par eux. Notre état de nature et même de société avec les autres individus humains est aussi, sous bien des rapports, un état de guerre, avec lequel nous sommes obligés de compter dans notre effort vers la justice. Quant à l'état des nations les unes devant les autres, comment nier qu'il soit encore et devra être longtemps, sous des rapports nombreux et fondamentaux, l'état de nature et de guerre?

— « Les nations, dit-on, ne peuvent désarmer sans que les frontières s'abaissent aussitôt. » — Pour nous, nous ne croyons pas qu'il suffise de désarmer pour abaisser les frontières, pour identifier l'esprit français avec l'esprit allemand, la langue française avec l'anglaise et l'allemande, les institutions démocratiques de la France avec les institutions aristocratiques de l'Allemagne ou de l'Angleterre, les intérêts industriels d'un peuple avec ceux de ses voisins.

Il aura lieu, pourtant, le progrès des patries, vers la grande unité humaine ; on demande comment : si ce sera par les moyens pacifiques, tels que les traités d'arbitrage, ou par la guerre sous forme de conquête, de colonisation, de lutte économique à outrance. — Nous répondrons que, toute nation étant à la fois organisme et union contractuelle, le progrès se fera nécessairement par les deux moyens à la fois. On verra des spectacles de plus en plus imposants d'institutions pacifiques, de conventions et de contrats internationaux. On verra aussi d'horribles spectacles — plus rares sans doute, mais plus étendus — de conflagrations militaires. Bien des questions seront résolues pacifiquement ; bien des traits-d'union intellectuels, scientifiques, philosophiques ou même économiques s'établiront entre les peuples ; mais, encore un coup, s'il est vrai de dire qu'une nation est une « âme », elle est aussi un corps, ayant ces deux grands besoins que Nietzsche a vus seuls à l'œuvre : se conserver et s'accroître. La justice internationale n'est pas près de recevoir une organisation analogue à celle de la justice civile, — je veux dire une organisation *contractuelle* ayant une *force* internationale à son service. Les nations se retrouveront longtemps encore, toutes les fois qu'il s'agira de leurs droits ou de leurs grands intérêts, dans le déplorable état de nature. La conférence de la Haye, à laquelle nous donuons tout notre assentiment, n'est pas et ne peut être un Parlement universel, incarnant la volonté des peuples : elle n'est qu'une représentation des souverains, des chefs d'État ou des gouvernements. C'est dire que, au lieu d'être un pouvoir législatif, elle est une délégation de pouvoirs dont un grand nombre sont uniquement exécutifs. De plus, il faut que les parties donnent préalablement aux arbitres la mission de sanctionner leur sentence ; tous les pouvoirs finissent ainsi par être confondus dans un tribunal où chaque nation n'est pas représentée d'une manière proportionnelle. Les plus forts y conservent les moyens d'opprimer les plus faibles. Les coalitions y demeurent possibles et même certaines, d'autant plus qu'elles y reçoivent l'apparente consécration de la « justice ». Que la coalition des peuples les plus nombreux et les mieux armés décide à la Haye l'abandon définitif, non seulement de l'Alsace-Lorraine, mais même de quelque autre province française, la France se soumettra-t-elle d'avance à une décision qui viserait son démembrement et sa destruction ? Si la France est encore trop puissante pour qu'on ose rien de semblable, les petits peuples de la Pologne ou des Balkans sont-ils sûrs de voir respecter et consacrer leur autonomie ? On les forcera à se soumettre ; comment ? *Manu militari*. La sanction du tribunal de la paix sera la guerre. La Prusse et l'Autriche, au dernier siècle, ont longtemps fait partie d'une « confédération germanique » ; c'est même à cette confédération que les historiens attribuent la longue période de paix entre 1815 et 1848. La rivalité n'en subsistait pas moins latente ; l'union était grosse de la guerre de 1866, qui sépara violemment les deux peuples, puis de la guerre de 1870, qui absorba la plupart des États germaniques dans la Prusse.

De nos jours, tout en recourant le plus possible à

l'arbitrage, les peuples sont bien obligés, comme l'ont fait récemment la France, l'Angleterre, l'Italie, dans leurs conventions, de mettre à part les questions qui intéressent « l'honneur et les intérêts *vitaux* », c'est-à-dire les seules questions qui, chez des peuples libres, puissent désormais amener une guerre. Le remède de l'arbitrage est donc proposé pour toutes les maladies, excepté pour celles qui peuvent être mortelles ! Qu'il faille avoir recours le plus possible à ce remède, cela est certain ; mais n'ayons pas la naïveté d'y voir une panacée. Pour notre part, nous avons signé et signerons toutes les pétitions en faveur de l'arbitrage international, mais sans prendre un idéal pour une réalité. Nous sommes persuadé que la cour de la Haye fonctionnera de mieux en mieux et aboutira à des accords pour mettre fin à une multitude de compétitions secondaires ; nous sommes persuadé aussi qu'une législation internationale du travail s'établira progressivement. Mais, que quelque État d'Europe vienne à se démembrer, nous avons grand'peur que la cour de la Haye ne soit impuissante.

Les internationalistes font sonner bien haut les trente années de paix dont nous avons joui (1), — agrémentées de guerres entre Russes et Turcs, entre Turcs et Grecs, entre la République des États-Unis et les Espagnols, entre la République du Chili et le Pérou, entre Italiens et Abyssins, entre Français et Tunisiens, entre Anglais et Boërs, entre Français et Malgaches, entre Français et Tonkinois, entre Chinois et Japonais, entre Européens et Chinois, etc. Mais si, du moins, entre la France et l'Allemagne la paix a régné, n'est-ce pas précisément parce que les deux nations étaient l'une et l'autre assez redoutables pour se faire peur l'une à l'autre ? Si nous

(1) Répétons que ces pages ont paru d'abord dans la *Revue de métaphysique et de morale*, avant la guerre des Russes et des Japonais.

avions eu en France des milices au lieu d'armée, est-il certain que les Bismarck et les Crispi n'auraient éprouvé aucune tentation de mettre à profit notre faiblesse ? La pratique des idées internationalistes nous aurait donné la guerre, et les internationalistes veulent faire d'une paix obtenue malgré eux un argument pour leur thèse ! Ils raisonnent à rebours.

Ils raisonnent aussi contrairement aux prévisions les plus plausibles. Pour percer le voile des temps futurs, historiens et sociologues s'efforcent aujourd'hui d'y prolonger les lignes du présent. Tâche difficile et hasardeuse. Si la mort de François-Joseph n'occasionne aucun trouble, comme on l'espère, ce sera précisément parce que la triple alliance et la double alliance sont assez puissamment organisées pour faire reculer l'Europe devant un choc qui la mettrait tout entière à feu et à sang. Malgré cela, les internationalistes sont-ils sûrs que, dans un temps plus ou moins éloigné, les Allemands d'Autriche ne se joindront point à ceux d'Allemagne, ce qui porterait le chiffre de l'Empire allemand à 80 millions d'âmes ? Sont-ils sûrs que la Hollande, le Danemark, la Scandinavie ne seront pas entraînés dans l'orbite germanique, de manière à former un corps presque homogène de 90 millions d'âmes ? Sont-ils sûrs que la Russie ne s'agrégera pas les groupes slaves d'Europe, et qu'elle ne plantera jamais la croix grecque sur Sainte-Sophie ? Sont-ils sûrs que ces deux énormes puissances germanique et slave, dont la première a déjà une industrie et un commerce qui menacent l'Angleterre, n'auront jamais la tentation de pousser des pointes non seulement vers les pays slaves et turcs, mais vers les groupes néo-latins ?

L'Allemagne, comme on l'a remarqué justement, doit à sa constitution fédérative une plus grande facilité que la Russie et la France pour s'agréger des groupes nou-

veaux, sans leur enlever leur autonomie administrative
et même politique, sans « détrôner leurs princes ». Elle
leur offre en outre, sans les dénationaliser, sans les
« décapiter », l'appât de la sécurité sous la garde
d'un nouveau Saint-Empire Germanique s'étendant du
Jutland à Trieste et à Pola ; elle leur offre enfin l'appât
de la richesse sous une nouvelle union douanière des
pays germaniques. Dans ces conditions, rien d'étonnant
si l'Allemagne s'agrandit encore à l'avenir. La verriez-
vous d'un œil serein envahir tout le Sud, contourner la
Suisse et les Slaves du Midi, parvenir, par la Haute et
la Basse Autriche, à cette Trieste que les Italiens réclament, que la Prusse se réserve ? D'autre part, réunissant
la mer Baltique et la mer du Nord par le Schleswig-
Holstein et Kiel, l'Allemagne deviendrait « la grande
route de terre ferme du continent ». En même temps,
par l'Alsace-Lorraine, elle tiendrait la plus grande partie
du cours du Rhin et continuerait de faire dans notre
patrie une brèche profonde, comme un coin de fer
enfoncé en pleine poitrine. Si, au moment de la succession d'Autriche, la France n'inspire à l'Allemagne
aucun respect — ce qui, entre nations, signifie : aucune
crainte — les compatriotes de Bismarck auront-ils la
générosité de nous rendre, par une faible compensation,
le petit million et demi d'habitants qui compose l'Alsace-
Lorraine, « terre de l'empire » de plus en plus envahie
par de vrais Allemands, de plus en plus vidée de ses
populations françaises ? Pour notre part, nous avons
entendu plus d'un Allemand d'Autriche, plus d'un Tchèque
de Bohême aspirer hautement à la réunion avec le grand
Empire germanique. Les internationalistes ont-ils un
moyen pacifique pour empêcher les Tchèques, les Hon-
grois, les Allemands d'Autriche de bouger ? ou encore
les Bulgares, les Serbes, les Grecs, les Albanais, tous les
peuples des Balkans ? Ont-ils un secret pour convertir

les Turcs à la paix du socialisme ou à la paix de l'anarchisme ? *Sancta simplicitas* ! Sont-ils certains enfin que, si le dix-neuvième siècle fut celui des « nationalismes », le vingtième siècle ne sera pas, comme on nous l'annonce, celui des *impérialismes*, aspirant à l'expansion indéfinie, à la conquête des terres encore vacantes et même de celles qui, déjà occupées, n'auraient pas la force de se défendre ? — Toutes ces considérations, direz-vous, sont des hypothèses. — Sans doute, mais il suffit qu'elles ne soient pas *impossibles* pour nous imposer *ipso facto* des obligations et des mesures élémentaires de précaution. Aucun peuple ne connaît l'avenir, tous doivent se tenir prêts à y faire face. Nous sommes au milieu de monceaux de poudre et la moindre étincelle peut nous faire sauter. Ne trahissons pas d'avance nos descendants.

Ce qui n'est pas une hypothèse, mais une réalité où il faut bien vivre, ce sont les conditions géographiques et historiques, les conditions de race, de situation, de population, de nationalité, que nul beau songe idéaliste ne peut changer. Pouvez-vous faire qu'il n'y ait pas 190.000 Slaves pullulant, 95.000 Allemands ou proches parents qui pullulent de même, 100.000 néo-Latins rapprochés par la langue, la culture et la religion, mais non par la race et les intérêts ? Voilà, au point de vue sociologique, trois centres « de naturelles affinités électives », à peu près égaux si on compare les Germains et les Latins, mais non du côté des Slaves. Il y aurait cependant balance si les Latins étaient unis ; mais ils ne le sont pas, tandis que les autres groupes le sont ou aspirent à l'être, demandent à l'être, peuvent l'être du jour au lendemain (1).

<hr>

(1) On a souvent cité les prévisions sinistres de M. Max Nordau ; qu'on nous permette de citer l'opinion d'un historien et sociologue qui, étant Roumain, n'est pas directement mêlé à nos luttes. M. Xénopol, correspondant

Ceux qui, comme nous, ont la plus profonde horreur de la guerre et font partie des sociétés pour la paix, sont donc obligés, en attendant la concorde finale, de pré-voir de nouvelles guerres à une échéance plus ou moins éloignée, non seulement en Europe, mais en Afrique, en Asie, en Amérique. Combien nous voudrions qu'on nous démontrât notre erreur ! Nous doutons qu'on y arrive (1). Le 15 mars 1867, comme le maréchal Niel deman-

de l'Institut, dont on connaît les travaux sur la philosophie de l'histoire, examinait récemment l'état de l'Europe dans les *Cronache della Civiltà Elleno-Latina* (Anno II, fascicoli IX, Roma, Forzani, 1903). Comme il le remarque, l'Angleterre est en partie isolée par sa position insulaire et surtout par ses intérêts coloniaux, qui sont précisément hors d'Europe ; elle pourra donc influencer, mais non *déterminer* la politique continen-tale. Ce sont les groupes slave, germanique et néo-latin qu'il faut surtout considérer. Le groupe slave est supérieur par la population ; mais il manque en partie d'unité religieuse, grâce à l'inimitié irréconciliable de la branche polonaise (18 millions d'âmes) à l'égard du tronc plus puissant de la Rus-sie ; le territoire slave, en maint endroit, est discontinu ; sa position géo-graphique, qui ne permet guère l'accès des mers, est défavorable. La race allemande est moins nombreuse que la race slave ; elle est divisée comme elle quant à la religion ; mais combien elle lui est supérieure en concen-tration et en situation géographique ! Quant au groupe latin, il l'emporte par sa position sur l'Océan et la Méditerranée ; il occupe un territoire con-tinu ; il a plus d'unité religieuse, sauf en France ; mais il n'a point la perspective qu'ont les autres races de se fondre en corps toujours plus con-sidérables et d'augmenter toujours leur puissance politique. La France, l'Italie et l'Espagne ne peuvent s'étendre que très peu et, de plus, elles sont trop divisées entre elles par la race, par la rivalité commerciale et maritime, pour former jadis un seul grand Etat ; chacune d'elles, d'ailleurs, constitue déjà un organisme très différencié, une patrie très une et très personnelle, ayant son histoire, ses traditions, ses espérances. Cependant l'unique salut serait, comme le croit M. Xénopol, dans une étroite union des Néo-Latins, qui est précisément la plus difficile de toutes à établir. L'Italie a beau se rapprocher de nous par des traités de com-merce ; elle reste encore l'alliée de nos adversaires. La ligne de conduite qu'elle a adoptée jusqu'à présent a été résumée par un député italien dans la formule : alliance économique avec la France, alliance politique avec l'Allemagne. Il n'y a pas encore bien longtemps que l'Italie s'est ré-veillée du songe mégalomane de Crispi. Au delà des Alpes comme au delà des Vosges, il existe encore des cartes représentant la France au-dessus de Lyon devenue allemande, la France au-dessous de Lyon devenue italienne. Nous nous endormons volontiers sur le mol oreiller de l'alliance russe ; mais il serait fâcheux pour la France de n'exister que par la grâce du Tzar.

(1) Répétons que ces lignes ont précédé la grande guerre russo-japonaise

dait l'organisation de notre armée, Garnier-Pagès s'écria :
« L'influence d'une nation dépend de ses *principes*.
Les armées, les montagnes, les forteresses ont fait
leur temps. *La vraie frontière, c'est le patriotisme.* »
Aujourd'hui, nous assistons au déploiement d'une rhé-
torique non moins niaise, mais peut-être moins ingé-
nue, car elle cache de toutes autres visées sociales que
la paix universelle. Gambetta et Ferry, sous l'Empire,
avaient prêché le désarmement comme tant de cœurs
généreux et ingénus dont la France a été prodigue ; la
guerre franco-allemande les réveilla de leur songe : il
fallut qu'ils se missent eux-mêmes à la tête de la défense et de la réorganisation militaires. Puissent les
apôtres actuels de la société sans État, sans armée,
sans lois, sans discipline, sans patrie et même sans
morale, ne jamais éprouver semblable réveil en face
des régiments ennemis !

Dans un article sur le patriotisme et la morale, publié en 1903 par la *Revue internationale de sociologie*,
on lit ces étonnantes paroles : « Il ne faut pas nous
dissimuler que la France, la dernière grande vaincue de
l'Occident, est le principal obstacle à la pacification de
l'Europe, tant qu'elle n'aura pas accepté ouvertement,
courageusement, le traité de Francfort. Jusque-là, nos
vainqueurs d'il y a trente ans seraient, avouons-le, bien
naïfs de diminuer leurs armements (2). » Et nous, ne
serions-nous pas plus que naïfs de diminuer les nôtres
sous prétexte que, si nous déclarons *définitive* la muti-
lation de la France, les Allemands vont désarmer et
l'Europe avec eux ? Quand la question de l'Alsace-Lorraine serait résolue, celle de la succession d'Autriche,
dont nous avons parlé, celle de la Turquie, celle des provinces slaves, celle de la Pologne, celle de la Finlande

(1) M. Hervé Blondel, année 1903, p. 739.

seraient-elles résolues? Tous les peuples d'Europe chanteraient-ils en chœur le chant de 1840 :

> Les peuples sont pour nous des frères (*bis*)
> Et les tyrans des ennemis?

Si les Français ont l'obligeance de concéder aux Allemands que c'est la France qui est « l'obstacle à la paix » (le prince de Bismarck l'a assez répété), ils ne devront pas s'étonner que les autres nations rêvent, « pour avoir la paix », de démembrer le pays de France :

> Ce pelé, ce galeux, d'où venait tout le mal.

Le mot de Quinet, qui prêchait pourtant, lui aussi, la religion de l'humanité, mais qui fut le prophète de la guerre franco-allemande, demeure toujours vrai : « Si la France se fait cosmopolite, elle sera la dupe des autres nations. » Elle en sera même la proie. Nous nous imaginons que les autres nations nous admirent, nous aiment, nous envient, sont toutes prêtes à se jeter dans nos bras. Pour moi, en étudiant les peuples de l'Europe, j'ai trouvé presque partout, chez les philosophes comme chez les historiens et les littérateurs, l'inintelligence et le dédain, le mépris, la haine de notre révolution française et de ses « principes », de nos « droits de l'homme », de notre démocratie bruyante et fanfaronne, de notre creuse humanitairerie, qui nous fait, disait Gioberti, substituer à l'amour de la patrie l'amour des antipodes. Non, les frontières entre la pensée française et celle des autres peuples ne sont pas « abaissées ».

C'est aux nations qu'on peut appliquer le mot de Machiavel : — Ayez de bons amis et de bonnes armes; mais souvenez-vous que, si vous avez de bonnes armes, vous aurez toujours de bons amis (1).

---

(1) Tout récemment encore paraissait, dans le *Zukaunft*, un article de M. Harden sur les *Quatre Nations*, où la France est avilie et l'Allemagne

Si encore nous n'avions en perspective que les
guerres extérieures ! Mais sommes-nous à l'abri des
guerres intestines ? Les socialistes nous prédisent l'embrassade finale des peuples, mais ne semblent pas
s'attendre à l'embrassade immédiate des classes. S'ils
annoncent la disparition de la guerre entre nations,
iis prêchent le plus souvent eux-mêmes la lutte des

exaltée. Quoique le *Zukaunft* ne fasse pas autcrité, et encore bien moins
M. Harden, il y a cependant en ces pages l'indice d'un état d'esprit trop
fréquent en Allemagne à l'égard de la France. Elles montrent aussi par
quels procédés calomnieux on excite contre nous le peuple d'Allemagne.

« Le petit bourgeois français, dit M. Harden, laisse une descendance tellement
réduite que la population n'augmente plus. A ce bourgeois infécond est con-
fiée la gestion de la considérable richesse nationale de la France, richesse
qui s'est développée, — au moyen surtout de l'usure, — en même temps que
le pouvoir social de la classe qui la détient. Cette richesse est immobilisée,
figée sous la forme de champs fertiles, d'édifices luxueux, de canaux, de
chemins de fer, de travaux coloniaux, ou bien elle dort dans les banques
sous une forme liquide ; numéraire métallique, titres de rente, traites...
Le possédant français, — rapace comme homme d'affaires, avare comme
rentier, — n'ose pas *vivifier* son capital liquide ; il préfère se contenter
des plus maigres revenus plutôt que d'encourager des entreprises qui lui
promettent des richesses. Et en cela il a raison. Car chaque fois que
l'épargne française, alléchée par de mirobolantes promesses rédigées en
style déclamatoire et pompeux en usage dans le pays, ouvre le gousset
dans l'espoir d'un pactole, elle est indignement filoutée, escroquée et perd
jusqu'au dernier sou. Les Français ont beau jeter sur la réalité le voile des
phrases : les actes laissent voir ce que masquent les paroles. Or, les actes
du Français montrent qu'il se méfie du financier, qu'il se méfie de l'entrepreneur, qu'il se méfie du fonctionnaire. Il se conduit comme s'il croyait
à l'improbité de tous ses compatriotes. La France est le pays de Robert
Macaire, ne l'oublions pas.

« L'importance économique de la France tient à sa richesse liquide et
s'évanouira quand le capital plus actif des autres pays aura distancé le
capital paresseux de la nation française, de même que les fortunes individuelles des Crésus américains ont laissé bien loin derrière elles les millions des richards français. L'industrie et l'esprit d'entreprise nationaux
qui, lors de l'Exposition universelle de l'impératrice Eugénie, assuraient
encore à la France le premier rang économique parmi les peuples du continent européen, sont actuellement paralysés par deux causes : manque
d'hommes, manque de confiance. Dans le monde entier, la France joue le
rôle du petit rentier borné, ignorant, aigri, rétrograde, plein de préjugés
antédiluviens, se trouvant mal à son aise à l'étranger, sans se sentir bien
chez lui. Et quand il entend gronder de l'autre côté de la frontière, tout
près de chez lui, la chaudière géante de l'Allemagne, chaudière dont les
parois frémissent sous la pression d'une masse bouillonnante de 67 millions de formidables et joyeux travailleurs, ne doit-il pas se demander si,

classes et la révolution, c'est-à-dire la guerre civile.
L'antimilitarisme des socialistes vient simplement de
ce que l'armée les gène dans leurs projets de boulever-
sement révolutionnaire. Mais, tandis qu'en France les
socialistes excitent le peuple contre l'armée, en Allemagne, tous les socialistes depuis Wollmar ou Rieb-
neckt jusqu'à Bebel, ne cessent de répéter que, en cas
de guerre avec la France, ils devront défendre leur *Va-
terland*. Admettons, contre toute probabilité, que l'Allemagne en bloc se convertisse d'ici à peu aux idées
collectivistes et, grâce à une de ces guerres civiles que
les internationalistes espèrent, renverse la dynastie ; la
paix entre tous sera-t-elle pour cela assurée en Europe ?
Il restera à convertir les Russes, les Autrichiens, les
Turcs, etc. Il faudra défendre les « conquêtes proléta-
riennes déjà opérées, avec la tentation de les étendre
par la force aux voisins ».

Dans l'universelle incertitude de l'avenir, qui de
tous côtés est gros de tempêtes, nul sociologue, nul
moraliste ne donnera à la France démocratique le conseil de désarmer en face des monarchies armées jusqu'aux dents, de s'affaiblir par un sentimentalisme chi-

quand cette masse aura doublé son volume, — ce qui sera un fait dans
l'espace de deux générations, — la paroi qui, du côté ouest, ne rencontre
pour toute résistance que le vide ne va pas enfin céder à la terrible
poussée » ? Etc., etc.

L'ALLEMAGNE. — « Frontières trop développées sans aucune espèce de
protection naturelle ; nations ennemies entourant et, pour ainsi dire,
emprisonnant le pays ; côtes maritimes peu étendues ; richesses minérales
médiocres dans le nord, nulles dans le sud ; sol modérément fertile ; progrès économiques détruits tous les cent ans par les guerres et les invasions !
De cette façon, l'Allemagne présente un contraste absolu avec les Etats-Unis
de l'Amérique si favorisés par la nature. Ce n'est donc pas aux avantages
naturels que l'Allemagne doit de pouvoir prétendre aujourd'hui au second
rang parmi les puissances économiques du globe ; elle le doit à son intelligence et à sa valeur morale (éthique).

« La race germanique reçut en partage l'individualité, l'idéalisme, la
transcendance, la fidélité et le courage. Le sang slave y ajouta l'obéissance, la discipline et la patience ; l'élément juif y ajoute une teinte de
scepticisme, l'esprit d'affaires et d'entreprise. Etc., etc

mérique en face des autres peuples d'esprit positif, qui, jusque sous des voiles métaphysiques, cachent un insatiable appétit de puissance et un nationalisme irréductible. La forme démocratique et républicaine de notre gouvernement nous met déjà en état d'infériorité pour la tactique offensive, à cause de toutes les formalités parlementaires qui précéderaient nécessairement une guerre. N'y ajoutons pas une infériorité matérielle de ressources. Il y a dix ans, l'Angleterre dépensait 400 millions pour sa marine de guerre ; aujourd'hui elle en dépense près d'un milliard : la France, pendant la même période, n'a passé que de 220 millions à 400. On sait le développement qu'ont pris et la marine allemande et l'armée allemande. Nous ne nous affaiblissons que trop, spontanément, sans y coopérer de parti pris. On se rappelle le mot fameux : — Par le seul recul de la population française devant la population germanique, l'Allemagne, sans avoir besoin de canons gagne tous les ans une grande bataille. A propos des terribles tables

On s'est demandé si la culture allemande et la culture française sont *opposées*. Non. Un même courant emporte tous les grands peuples, pourtant, il faut l'avouer, l'éducation des esprits n'est pas la même en Allemagne et en France ; les idées sur la politique et sur le droit des peuples sont trop souvent antagonistes dans les deux pays, même parmi les philosophes, vous n'en trouverez guère, en Allemagne, qui admettent le droit d'une population, par exemple celle d'Alsace-Lorraine, à disposer d'elle-même et à décider de sa nationalité. Au droit démocratique, tel que l'entend la France de 89, l'Allemagne a toujours opposé le « droit historique », là où elle ne peut invoquer ce dernier droit, elle invoque la race ; à défaut de la race, la langue ; à défaut de la langue, la position géographique ; à défaut de tout cela, « la force primant le droit ».

Interrogés par la Société de la *Paix par le droit* (dont j'ai l'honneur de faire partie), des philosophes allemands, amis de la paix, amis de l'idéal, amis des réformes sociales, comme le regretté Paulsen et comme Eucken, n'ont jamais pu comprendre que la volonté de demeurer Français, constituât en 1871, pour les Alsaciens et pour les Lorrains, le plus léger droit. « L'Allemagne, l'Allemagne par-dessus tout. » Que sera-ce si on interroge les masses populaires ?

Le jour où les grands intérêts des deux pays seront harmoniques, ils s'uniront spontanément. Dès aujourd'hui sont désirables de bonnes relations, tempérées par des précautions réciproques. La paix demeure l'idéal de demain, l'idéal d'aujourd'hui.

de mortalité comparée dans les armées de France et
d'Allemagne, on a dit de même : — Sans bouger, l'Allemagne nous tue en dix ans quarante mille jeunes gens
de vingt à vingt-deux ans. Nous mêlons, en effet, dans
nos casernes, les tuberculeux, les anémiés, « toute la
chair à maladie » : la guerre éclatant, le quart de notre
armée, après quinze jours, encombrerait les hôpitaux.
L'armée allemande, recrutée dans une masse beaucoup
plus nombreuse, est soumise à un triage sévère qui
n'admet que les hommes forts ; nous, pour atteindre à
une quantité de soldats numériquement égale, nous sa-
crifions la qualité. Faut-il donc aller plus loin encore
et renvoyer ce qui nous reste de forces militairement
organisées ? Désarmer, ce serait du coup surarmer les
autres.

On l'a dit avec raison, le désarmement est comme le
mariage : il suppose au moins deux volontés. Il suppose
même l'unanimité des volontés. Fût-il unanime et simultané, il ne serait pas encore une opération aussi
sûre et aussi radicale que se l'imaginent les esprits su-
perficiels. Napoléon força la Prusse à ne conserver que
quarante mille hommes, en apparence. Ce fut le moment où la Prusse s'organisa le plus fortement pour la
guerre. Il y a vingt façons de désarmer, — et de ne
pas désarmer ! Renvoyer les soldats n'est pas tout ; il
resterait le matériel de guerre moderne et les défenses
accumulées sur les frontières. Les hommes du métier
font observer que l'on ne consentira jamais à détruire
cet énorme capital ; qu'il faudra entretenir les défenses, les renouveler. Les progrès scientifiques de l'armement entraîneront toujours des charges nouvelles
auxquelles il serait dangereux de se soustraire. Que la
France et l'Allemagne mettent bas les armes, la France
ne sera pas pour cela, au point de vue de la sécurité
territoriale, dans le même état que l'Allemagne. Par-

courez les frontières d'Alsace-Lorraine et vous serez frappé de voir partout, du côté allemand, trois lignes de chemin de fer stratégiques, militairement dirigées, avec des quais de débarquement tout préparés de distance en distance ; du côté français, il n'existe que deux voies. Cette simple situation, à elle seule, permet aux Allemands de faire tomber sur nous un tiers de soldats en plus que nous n'en pourrions envoyer en Allemagne. Dans ces conditions, la démocratie ne sera jamais sur le pied d'égalité avec la monarchie allemande. Tant il est vrai que le désarmement *égal* est une apparence trompeuse et que la paix continuera longtemps d'être « armée ».

Que cette paix par mutuel équilibre soit une dépense écrasante sans profit apparent, qui le nie ? Mais la carapace, les cornes, les défenses de certains animaux sont aussi une dépense de carbone, de chaux et autres substances, à laquelle ils ne renonceraient pas volontiers. Il est des dépenses encore plus inutiles et plus lourdes que le budget de la guerre : le tabac, par exemple, et l'alcool. Essayez d'y faire renoncer le peuple. Notez d'ailleurs que la nation la plus formidablement organisée sur le pied de guerre, l'Allemagne, a pu en même temps développer son industrie et son commerce au point de devenir la rivale des Anglais. Est-il sûr que, si elle n'avait pas eu le prestige extérieur et la sécurité intérieure qui résultent de la puissance incontestée et incontestable, elle aurait eu le même essor industriel ? C'est une loi de sociologie que tout se tient dans la vie d'un peuple : puissance militaire et puissance économique. Il y a donc des dépenses en apparence improductives qui finissent par être reproductives.

L'idéal moral, économique et politique n'en est pas moins de diminuer les armements à mesure que l'entente s'établira entre les nations diverses ; mais le Tzar de toutes les Russies, en demandant l'institution d'une cour d'arbitrage, s'est gardé de renvoyer un seul soldat dans ses foyers. Réclamons, nous aussi, la diminution des charges militaires, mais dans la mesure où elle est possible sans mettre en danger la nation. Ayons la paix dans le cœur, mais gardons l'épée au poing, pour faire face à ceux qui ont dans le cœur haine et guerre. Le meilleur moyen d'assurer le respect de la justice internationale n'est pas de nous annihiler nous-mêmes ; c'est de nous fortifier intérieurement par l'union des esprits et par une puissante organisation matérielle ; extérieurement, par des alliances de plus en plus étroites avec les seuls peuples dont les intérêts *vrais*, pour ceux qui regardent de loin et de haut, sont les mêmes que les nôtres : la Russie, d'une part, de l'autre l'Angleterre, dont l'Allemagne va devenir en ce nouveau siècle la grande concurrente, et enfin les peuples latins, qui n'ont d'autres ressources, s'ils veulent vivre, que de s'unir. Il faut reconquérir l'amitié de l'Italie, — son amitié *politique* et non pas seulement économique ; il faut lui faire comprendre (ce qu'elle commence à entrevoir) qu'elle a été jouée par nos ennemis en croyant qu'elle aurait sa part de nos dépouilles. L'alliance des nations méditerranéennes entre elles et avec l'Angleterre apparaît au sociologue comme l'indispensable contre-poids de l'expansion germanique.

Concluons que les partisans exclusifs du nationalisme et de l'internationalisme, comme ceux de la guerre systématique et de la paix systématique, sont également dans le faux. Ici comme ailleurs, la vérité est la synthèse de tous les faits et de toutes les lois. En conséquence, nous devons agir et travailler pour la patrie, non pas *contre* les autres patries, mais, *avec* elles, pour l'humanité. Sachons mettre une âme universelle dans des actions nécessairement particulières et bornées ; faisons vivre et respirer la famille dans l'individu, la patrie dans la famille, l'humanité dans la patrie, le monde entier dans le genre humain.

Schiller a dit :

> Efforce-toi d'être tout, et, si tu n'en as pas le pouvoir,
> Sois partie d'un tout, et sers-le d'un cœur plein de foi.

Par ces paroles, Schiller n'a pas voulu, comme Nietzsche, prêcher un désir de puissance brutale aspirant à dominer le monde. L'homme s'efforce d'être tout par la pensée ; par le cœur, par la volonté, il veut s'identifier au tout ; mais, comme le tout est trop grand pour lui, il doit se faire partie *d'un* tout, famille, patrie, humanité, — et le servir d'un cœur plein de foi.

La plus humanitaire des nations est précisément la France ; le moyen de faire triompher l'idée d'humanité, ce n'est pas de compromettre, par des théories de dissolution et de suicide national, l'existence, la puissance, la cohésion à la fois organique et volontaire du peuple qui travaille le plus à élever au-dessus de soi les droits de l'humanité. Dans l'idée de mission historique éliminez tout reste de mysticisme, il demeurera vrai pour le philosophe que la conscience des peuples, sans recevoir une tâche de la providence, s'en donne une à elle-même. S'il n'y a pas finalité transcendante, il y a finalité immanente. Qu'est-ce que les grands peuples, comme les grands hommes ? Ceux qui se sont crus et montrés à la hauteur d'une idée-force qu'aucun autre n'aurait pu concevoir ou réaliser. Comme il y a des hommes de génie, il y a des peuples de génie. Si donc il est vrai que la « fille aînée de l'Église » est devenue, en 1789, mère d'un droit nouveau, s'il est vrai qu'elle s'est donné la mission de faire prévaloir le droit démo-

cratique dans le monde, il en résulte que l'existence de
la patrie française importe à l'humanité entière. Il ne
s'agit pas ici de « revanche » au jeu sanglant des armes ;
il ne s'agit pas de « vengeance » pour l'orgueil blessé et
les coups reçus ; il s'agit de justice. Avons-nous le droit
d'abandonner, le cœur léger, une partie essentielle du
patrimoine national et de laisser à jamais la France
ouverte avec une plaie au flanc ? Il ne s'agit pas non
plus, pour obtenir réparation et fermer la plaie, de se
lancer dans une nouvelle guerre offensive, qui en ramènerait une autre, et une autre encore, à l'infini ; ce
serait imiter en grand l'horrible *vendetta* corse. Mais,
par la politique et la diplomatie, appuyées sur un armement qui mettra la force au service du droit, nous
pouvons obtenir un jour une restitution à titre de compensation. Faibles, nous n'aurons jamais rien ; forts,
nous pourrons parler haut et faire entendre notre
voix.

Un sentiment égoïste porte les générations actuelles à se laver les mains pour le passé et aussi
pour l'avenir. Tant pis si la France perd son rang en
Europe ! Tant pis si on profite un jour de sa faiblesse, résultat de notre abstention insoucieuse, pour
lui réserver le sort de la Pologne ! Ainsi le prétendu
amour de la paix aura consisté, non à éviter le retour
de la guerre, mais à assurer aux autres la victoire.
Sous prétexte d'humanitarisme, nous aurons renoncé
à tous nos devoirs de Français, à l'influence humanitaire de notre patrie dans le monde, à son rôle dans
la civilisation, à son existence même comme partie
du cerveau et du cœur de l'humanité. La lâcheté ne
consiste pas uniquement à fuir sur les champs de
bataille ; elle consiste aussi à fuir sur les champs de
l'histoire.

En un mot, non moins que le généreux et profond auteur du projet de traité de paix perpétuelle, nous croyons au devoir de faire la guerre à la guerre, mais non la guerre à la patrie. Kant lui-même a donné aux nations cet avertissement solennel : — « Jusqu'au moment suprême de la constitution des États-Unis d'Europe, que chaque peuple ait la main sur la garde de son épée, autrement il pourrait disparaître avant le grand jour. » Si la France disparaissait, nous ne serions pas pour cela *sans patrie* ; nous en aurions d'autres — un peu moins préoccupées, peut-être, des « droits de l'homme » et de « la solidarité humaine (1) ».

(1) Parmi les causes qui peuvent mener notre patrie à sa ruine, il en est deux très importantes : 1° insuffisance numérique de la population ; 2° manque de cohésion entre les unités qui la composent. Si les Français se laissent diviser par les partis politiques et sociaux, par la propagande antipatriotique et par le syndicalisme révolutionnaire ; s'ils ajoutent à cette cause de dissolution un abaissement progressif de la natalité, ils s'exposeront à perdre leur rang dans le monde.

Est-il besoin de rappeler que, pour un Français, il naît environ quinze Allemands, quatorze Anglais, treize Italiens ? Malgré le préjugé contraire, la statistique montre que, dans tous les pays civilisés, sauf en France, la population s'accroît rapidement. Or la France, si elle était peuplée comme sa voisine la Belgique, contiendrait 140 millions d'habitants, plus que la Russie.

Un État a le droit et le devoir, pour éviter sa propre décadence et sa ruine, de prendre toutes les mesures compatibles avec la justice.

La première de ces mesures est une meilleure répartition de l'impôt, qui doit être proportionnel non pas seulement au chiffre brut du revenu, mais au revenu *net* après déduction des *charges*. Or, les charges de famille sont parmi les principales et les plus onéreuses. 1° Il est donc juste, de dégrever les contribuables ayant femme et enfants et de charger les autres d'un impôt complémentaire, inversement proportionnel au nombre des enfants.

2° Il semble également juste d'abréger le service militaire pour les soldats mariés ou pères de famille et pour les fils aînés de familles de quatre enfants.

3° Il est équitable d'accorder de préférence les places et emplois aux membres de familles nombreuses.

4° Il faut étendre et rendre efficaces les mesures protectrices de l'enfance, de manière à diminuer la mortalité infantile, qui est énorme.

5° La justice exigerait, que, dans les élections, on accordât deux voix aux hommes mariés, l'une qui serait leur voix propre, l'autre qui représenterait les droits et intérêts de leur famille. Celui qui ne se marie pas n'est point un « ancêtre » ; il ne contribue pas à créer et à perpétuer la société dont il fait partie; il n'est pas intéressé, comme le père de famille, à sa conservation et à son progrès; il peut dire comme Louis XV: Après moi le déluge. Est-il juste de lui donner, à lui qui n'est qu'un passant au milieu de nous, la même voix délibérante qu'au chef d'une famille qui est une cellule sociale, grosse de l'avenir? La mesure que nous proposons aurait, entre autres effets, celui de faire comprendre la considération qui doit s'attacher aux *fondateurs* de la société future.

Enfin, dans l'enseignement scolaire, ne faudrait-il pas faire comprendre aux enfants, par les faits et les chiffres, la prospérité et la puissance des peuples où la population s'accroît rapidement; la stagnation, l'affaiblissement, l'appauvrissement final et la ruine des contrées où la population s'affaisse? Une population nombreuse est une matière à la sélection des élites et des talents, d'où dépend l'avenir des peuples.

LIVRE III

L'ENSEIGNEMENT DANS LA DÉMOCRATIE

LIVRE III

L'ENSEIGNEMENT DANS LA DÉMOCRATIE

CHAPITRE PREMIER

LA MATÉRIALISATION DE LA VIE ET L'ENSEIGNEMENT

I

LA MATÉRIALISATION DE LA VIE

Outre le faux individualisme, dont nous avons parlé plus haut, les démocraties ont un autre péril à craindre : le matérialisme pratique, qui finit par envahir l'éducation même. Nous voyons aujourd'hui sur tous les points et chez tous les peuples, mais principalement dans les démocraties, se produire un mouvement général qu'on pourrait appeler, avec M. Simmel, l'*extériorisation* de la vie (1). Le marxisme en a été la formule. Au point de

---

(1) Voir la remarquable étude sur les tendances de la vie et de la pensée allemande depuis 1870, dans la revue américaine : *The international Monthly,* janvier 1902. Les mêmes « tendances » se retrouvent chez le peuple français et n'ont fait qu'augmenter depuis 1870.

vue intellectuel, ce que la plupart des esprits considèrent de nos jours, ce n'est plus le ressort de toute
science, je veux dire la *théorie*, œuvre de l'invention et
de l'initiative, due aux grandes individualités ; c'est la
technique, dont parle Marx, œuvre de l'application et,
trop souvent de l'*imitation*, plus ou moins perfection-
née par les petits efforts successifs de petits individus.
Le triomphe de ce nouvel esprit s'est exprimé dans la
proposition de Karl Marx : la *technique* régit le mouvement de l'humanité. C'est le procédé pratique pour
construire le moulin à bras ou le procédé pratique pour
construire la machine à vapeur qui est érigé en principal
moteur du genre humain. Ce n'est pas sans raison que
Marx, pour désigner cette *extériorisation*, a employé les
mots de *matérialisation* et de *matérialisme historique*.

Au point de vue esthétique, même évolution à la fin du
dix-neuvième siècle. Là encore, la technique est trop souvent passée au premier plan, le procédé a remplacé l'ins-
piration. Qui fut jamais plus habile que certains ouvriers
en vers ? Ils sont rompus aux tours de main qui constituent le métier ; trop souvent les pensées et sentiments
leur manquent. Pareillement, certains peintres sont des
techniciens d'adresse consommée ; certains composi-
teurs nous intéressent par les tours de passe-passe de
la technique musicale : ils accomplissent les sauts de
modulation les plus hardis et, d'une faute contre les
règles, ils savent faire un raffinement de quelque règle.
Mais la science n'est pas le génie, pas plus que l'intelligence n'est le cœur.

Passez maintenant au point de vue moral et social :
vous verrez, dans la seconde moitié du dix-neuvième
siècle, le même triomphe du dehors sur le dedans. Il ne
s'agit plus pour une société, comme on osait le dire au
bon vieux temps, d'être *juste* ; il s'agit, ici encore, de dé-
couvrir la meilleure technique pour assurer le *bien-être*

du *plus grand nombre*, — chose que la morale même, d'ailleurs, ordonne de poursuivre, mais qui n'est cependant pour elle que le moyen d'une élévation finale de l'humanité entière. Cette élévation, maints techniciens de la démocratie ne s'en préoccupent guère; ils ont leurs regards tournés vers les procédés les plus propres à répartir les jouissances matérielles, à les faire circuler partout comme des canaux d'irrigation ingénieusement distribués. L'intensité de la vie intérieure n'est plus rien : il s'agit, pour l'individu, d'être une unité extérieurement utile dans le total social ; la technique marxiste, par des procédés matériels, assurera la conservation et la prospérité également matérielles de l'ensemble. A la morale se substitueront l'économique et la politique, qui sont, en somme, deux formes de technique sociale. Dans la pédagogie, nous voyons les mêmes tendances triompher. Sur la fin du dernier siècle, littérature et histoire ont fait place à la technique littéraire et historique, à la philologie, à la grammaire, à la métrique, à l'érudition, à la critique : que ne poursuit-on pas, sauf la vraie production intellectuelle et l'invention ? Aristote a eu beau dire que, « pour savoir, il faut faire », savoir ce que les autres ont fait est tout pour maints pédagogues, faire n'est plus rien. Pouvez-vous scander un vers de Virgile? Oui? Cela suffit : peu importe que vous n'en sentiez pas la poésie ou que vous soyez vous-même incapable de faire un vers. Connaissez-vous la date et le plan des oraisons funèbres de Bossuet? Oui? C'est parfait. Peu importe que, personnellement, vous soyez incapable de bien écrire ou de bien parler. Même en philosophie, certains pédagogues vous demanderont maint détail de psycho-physiologie ou de logique ; sur les grandes questions qui sont les questions vitales, ils feront silence. C'est là ce qu'on appelle *s'objectiver*, *s'extérioriser*, se *maté-*

rialiser. La « vie moderne » dont la fin du siècle nous a rebattu les oreilles, a pour synonymes : industrie, commerce, agriculture, colonisation. On l'a décorée du nom de « vie active », de « vie intense », comme si le penseur, le chercheur, le grand savant, le grand théoricien, le spéculatif, l'artiste, le poète, le philosophe, le moraliste étaient des inactifs, des « oisifs » traînant une vie de faiblesse et de langueur. La formule du dix-neuvième siècle qui résume tout, explique tout, justifie tout, c'est : *lutte pour la vie,* pour la vie matérielle bien entendu ; on ne parle pas, et pour cause, de lutte pour la vie intellectuelle ou morale, car il faudrait dire, au contraire : *accord* pour la vie. Mais on ne se soucie plus d'accord ni d'union entre tous, on ne se soucie que du succès pour chacun.

C'est ainsi que, dans le dernier siècle, la valeur économique des choses matérielles a augmenté beaucoup plus rapidement que la valeur intérieure des hommes. Le progrès des sciences positives, en produisant le perfectionnement rapide de la technique, a provoqué un développement matériel tellement en avance sur le progrès moral, que la contradiction a fini par éclater entre les choses et les hommes, entre la civilisation du dehors et la barbarie du dedans. Pour parler comme Marx, l'infra-structure matérielle a tout conquis aux dépens des supra-structures *idéologiques* (car les marxistes parlent comme Bonaparte). La « technique », simple *effet* de la découverte spéculative et simple *moyen* pour une fin supérieure, est donc bien devenue une fin en soi. Peu importe ce que moud le moulin à bras ou ce que moud le moulin à vapeur ; ce dernier a plus de rendement net : cela suffit. C'est toujours le même grain que la *terre* nous donne, heureusement, quel que soit le moulin ; mais est-ce le même grain que nos têtes produiront avec n'importe quel genre d'instruction ? C'est ce dont on n'a cure. Pourtant, il y a des choses, et les plus essentielles, qui ne peuvent être le résultat d'un procédé et qui sont l'œuvre des *personnes* : ce sont les choses intellectuelles et morales. Le matérialisme historique les ignore.

Pour résumer le tout en une formule germanique, le perfectionnement de *l'objet* n'a fait, au dernier siècle, que mettre en évidence l'imperfection du *sujet*. Le plus important de la tâche reste donc à faire pour la démocratie : appliquer aux *sujets* pensants eux-mêmes cette perfection de méthode, de science et de technique qui, jusqu'ici, a si bien réussi pour l'objet. Après avoir construit de si parfaites machines, il s'agit d'assurer maintenant la force motrice contrale, qui est intellectuelle et morale. Si on continue d'oublier les personnes pour les choses, celles-ci finiront par nous échapper à leur tour, de même que, sans les progrès de la théorie, la fameuse technique dont parle Marx s'arrêterait net. Le moulin à bras, faute d'eau, le moulin à vapeur, faute de force motrice, finiraient par demeurer immobiles ; pareillement le moulin de la civilisation industrielle, faute de pensée. On répète sans cesse : *Primo vivere, deinde philosophari*, mais, si une société démocratique ne philosophe pas, soit sous forme religieuse, soit sous forme métaphysique et morale, elle ne pourra pas vivre.

II

L'ÉDUCATION DANS LA DÉMOCRATIE

Dans l'éducation, un faux individualisme et un faux égalitarisme inspirent la plupart des réformateurs qui prétendent parler et agir au nom des principes démocratiques. Le nivellement, l' « indifférenciation » et l'anonymat sont leur idéal. — « Enseignement primaire »! Pourquoi primaire ? Ce nom a quelque chose d'odieux ; il rappelle les classes, les castes, les inégalités ! Enseignement *intégral* sonne bien mieux. Et de même, au second degré de l'instruction, que parle-t-on d'études « libérales », de professions « libérales » ? Avons-nous donc encore des esclaves ? Les études *classiques* manifestent une prétention nobiliaire ; remplaçons-les par des études *modernes* ou, ce qui serait mieux encore, par des études *contemporaines*, au jour le jour. Égalité des sanctions pour tous les individus ; examens spéciaux et purement professionnels à l'entrée des carrières, où l'on viendra se présenter des quatre coins de l'horizon et où les examinateurs ne s'inquiéteront de constater qu'une chose : avez-vous les connaissances individuellement utiles au médecin, s'il s'agit de médecine, à l'ingénieur, s'il s'agit de ponts et chaussées ou de tabacs, à l'avocat, s'il s'agit du Barreau (vieille institution d'ailleurs, comme l'Armée, l'Université, l'École polytechnique, l'École normale, etc.)? « Si un homme connaît bien son métier, que voulez-vous de plus? » s'écriait à la Chambre un ancien ministre de l'Instruction publique.

Selon nous, cette conception individualiste de l'enseignement est fausse ; le nivellement universel qu'elle poursuit est opposé au véritable idéal de la démocratie. Ne contredit-il pas la division du travail, grande loi de l'organisme contractuelle comme des autres organismes ? Ne contredit-il pas la loi non moins importante de solidarité sociale, sans laquelle encore il n'y a point de vraie démocratie ? A tout vouloir égaliser, à admettre tous à tous les emplois sans demander, pour les emplois supérieurs, des conditions supérieures de culture générale, on aboutit à tout rabaisser, à compromettre à la fois toutes les fonctions de la vie collective. Il doit y avoir dans la démocratie des organes et milieux différents selon la différence même des travaux et des liens de solidarité. C'est une injustice que de vouloir flétrir ces différences de milieux en les traitant de « castes » ou de « classes ». La vérité est qu'il faut des « élites », fondées d'ailleurs non sur des privilèges, mais sur des supériorités naturelles ou acquises. Ce qui légitime les divers degrés d'enseignement et les divers types d'un même degré, ce sont ces milieux divers à entretenir, non à confondre. Le milieu primaire n'est pas le milieu secondaire ; le milieu classique n'est pas le milieu « spécial » ou « moderne ». Et il est nécessaire pour les démocraties que les atmosphères ne soient pas partout les mêmes : comme il y a des plantes qui ne poussent que dans la plaine, il y en a qui ne croissent que sur les sommets.

Il existe notamment, sous le régime démocratique comme sous les autres, des fonctions ou, pour mieux dire, des missions sociales qui, n'étant point des « métiers » à l'usage des individus, doivent se recruter dans l'élite intellectuelle, parce que, en dehors elles ne sauraient vivre. Le jour, par exemple, où la magistrature ne sortira plus d'une élite, il n'y aura plus de magistrats, il ne restera que des manœuvres en droit, chargés d'apprendre les articles du code et de les appliquer avec plus ou moins de servilité, pour gagner un certain salaire. Le jour où la médecine ne sortira plus d'une élite intellectuelle, vous n'aurez que des artisans en thérapeutique et en chirurgie. Le jour surtout où le professorat ne sera plus lui-même une élite, vous n'aurez que des manœuvres en préparation scientifique ou littéraire, analogues aux plus humbles préparateurs des cabinets de physique et de chimie ; l'éducation aura vécu et l'instruction même sera bientôt morte, parce que,

malgré les apparences contraires, une certaine hauteur
d'éducation est la condition même d'une haute instruction.

Si donc la démocratie laisse envahir successivement
toutes les professions libérales par les utilitaires, par
les esprits de préparation hâtive qui se seront contentés
d'ingurgiter individuellement les connaissances nécessaires à l'examen, qui n'auront pas respiré l'air des
cimes, qui ne se seront pas vivifiés aux grands
souffles littéraires, scientifiques, philosophiques, ce
prétendu égalitarisme aura pour conséquence la supériorité de succès assurée aux moins dignes et aux moins
scrupuleux, c'est-à-dire l'oppression des meilleurs par
les pires. Vous verrez le barreau s'abaisser peu à peu
(comme il le fait déjà) et ne plus trouver de résistance à l'invasion d'une foule sans valeur morale ; la
seule digue sera dans le « conseil de l'ordre », s'il subsiste encore, et dans une discipline chaque jour moins
puissante. La médecine, qui, par malheur, n'a pas un
conseil de l'ordre et en aurait grand besoin, sera livrée
sans défense aux charlatans ; la pharmacie, aux ven-
deurs de spécialités lucratives et de médicaments
falsifiés. Et comme le « peuple » ne peut pas être juge
en toutes ces choses, faire les analyses chimiques, contrôler les ordonnances de ses médecins, comme il ne
peut être partout et en tout, que la grande dupe, la
profession médicale tombera de plus en plus dans la
boue. « L'esprit de corps » des médecins, comme celui
des avocats, — esprit jugé indigne d'une démocratie,
parce qu'il entretient, je ne sais quelles traditions
« surannées » d'aristocratie, je ne sais quelles prétentions exorbitantes à former une élite, — s'évanouira
au profit d'un autre genre d'esprit, qui sera tout simplement l'âme mercantile.

Outre les justes traditions de milieu, d'éducation et de

profession, les traditions de famille doivent s'opposer aussi, pour leur part, à l'émiettement individualiste. Mais, dans les démocraties actuelles, le vent souffle d'un autre côté et tend à disperser artificiellement le groupe même le plus naturel de tous, puisqu'il est établi par la nature. L'individualisme absolu, dont les socialistes mêmes adoptent souvent les principes, voudrait que les fils (qui assurément doivent avoir une valeur propre et indépendante) ne fussent en rien solidaires de leurs familles, qu'ils fussent chacun comme un individu X..., tombé du ciel, bon à tout faire, n'ayant d'autres règles que les hasards de ses goûts. Tout ce qui peut rattacher les hommes entre eux semble une chaîne servile à la démocratie individualiste.

Elle commence à se révolter même contre la différence des sexes et contre les obligations que cette différence entraîne : pourquoi élever les femmes autrement que les hommes, et à part, et pour des professions différentes ? Mettons-les tous ensemble au même régime, au même brouet scientifique, historique et géographique, aux mêmes exercices gymnastiques ; ouvrons à tous et à toutes également toutes les carrières pourvu que chacun ou chacune puisse, à l'entrée, réciter son petit manuel, comme le soldat qui récite sa *théorie*. L'individu anonyme, insexuel, sans ancêtres, sans tradition, sans milieu, sans lien d'aucune sorte, voilà, — Taine l'avait prévu, — l'homme de la fausse démocratie, celui qui vote et dont la voix compte pour *un*, qu'il s'appelle Thiers, Gambetta, Taine, Pasteur, ou qu'il s'appelle Vacher. L'individu finira par rester seul avec son moi, à la place de tous les « esprits collectifs », à la place de tous les « milieux professionnels » qui avaient, à travers le temps, créé des liens de solidarité et maintenu des traditions d'honneur commun. Ce sera le triomphe de l'individualisme atomiste, c'est-à-dire de la force, du nombre et de la ruse.

A l'encontre de cet individualisme outré, la science sociale soutient qu'un certain mode d'éducation hiérarchique, ayant pour but la sélection d'élites à divers degrés, peut seul entretenir les différents organes de la vie nationale, maintenir tous les groupements et milieux nécessaires aux diverses fonctions de cette vie, à leur division et à leur solidarité, faire ainsi triompher la conception organique de la société sur la conception purement contractuelle et atomique, empêcher l'universelle pulvérisation de ce grand corps qui est la patrie.

III

LA LIBERTÉ DE L'ENSEIGNEMENT DANS LA DÉMOCRATIE

Le plus grand danger des démocraties, surtout sociales et, plus encore, socialistes, c'est l'atteinte aux diverses libertés, notamment à celles de l'ordre intellectuel et moral. Ce danger vient de ce que le peuple ne peut pas sentir le prix de libertés qui lui sont à peu près inconnues et dont il n'a pas lui-même l'occasion de faire usage. Qu'est-ce que la « liberté de penser » pour celui qui n'a rien à penser, n'a jamais pensé et ne peut rien penser ? Qu'est-ce que la liberté des opinions philosophiques pour celui qui ne sait même pas ce qu'on entend par philosophie ? Qu'est-ce que la liberté de l'art pour celui qui n'a qu'un sens grossier de l'agréable ? Il comprendra la liberté des cafés-concerts et des danses lascives, mais comment s'intéresserait-il à la liberté des œuvres d'art sérieuses et savantes, qui le dépassent. Et la liberté de parler, pour celui qui est incapable de prendre la parole dans une réunion et qui, d'ailleurs, ne veut pas écouter ceux qui ne sont pas de son avis ? On a toujours vu le peuple applaudir aux coups d'État supprimant la liberté des orateurs et des journalistes. Pourvu que le paysan ait son *Petit Journal* où se lisent des aventures de Rocambole, que lui importe, pour le reste, la liberté de la presse ? On ne sent le prix que de ce qu'on possède réellement, non de ce que les autres possèdent sans que vous en puissiez user pour votre part.

Aussi M. Menger, socialiste lui-même, élève-t-il des doutes sur le souci que dans une démocratie socialiste, les prolétaires auraient de l'indépendance et de la liberté des intellectuels. Ce qui ne l'empêche pas, dans son plan d'État socialiste, de supprimer une multitude de libertés, y compris celle d'enseigner la littérature antique, qu'il accuse de tous les méfaits antisocialistes. A ce sujet, on a rappelé que Bastiat, au contraire, accusait les lettres anciennes et le baccalauréat de tous les méfaits socialistes. Peut-être l'étude de l'antiquité fait-elle défaut à M. Menger comme à Bastiat (1).

Les libertés de la pensée, de la parole et de la publication, si essentielles sous la démocratie, ont pour complément indispensable la liberté de l'enseignement, sous les communes garanties de capacité et de moralité. Les partisans du monopole de l'État objectent : — L'enfant a droit à la vérité. — Mais qui donc a le droit de se dire *la vérité* ? Les démocrates et les socialistes qui parlent ainsi sont le pendant des catholiques, qui, eux aussi, eux surtout, se prétendent la vérité : « Hors de l'Église point de salut ». L'Église, c'est *leur* église, bien entendu. Il n'y a rien qu'on puisse appeler *la* vérité ; il y a des opinions humaines sur la vérité, qui toutes doivent pouvoir être librement contestées.

____

(1) M. Gide, *Union morale*, 1ᵉʳ mai 1904.

A vrai dire, dans les questions d'enseignement, trois droits sont en présence : celui de l'enfant, celui de la famille, celui de l'État. L'enfant a droit à une certaine portion *minima* du capital intellectuel et moral de la nation. Ce minimum est celui qui lui est nécessaire pour être vraiment un homme civilisé parmi des hommes civilisés, un citoyen parmi des citoyens. L'État démocratique, d'autre part, a le droit et le devoir d'exiger de tous le minimum de connaissances scientifiques, morales et civiques, nécessaire pour exercer les droits de citoyen, y compris le droit de vote, qui, nous l'avons vu, implique un certain pouvoir sur autrui en même temps que sur soi. Nos communes destinées sont liées à cette condition que le suffrage universel ne soit pas exercé par des ignorants, des incapables, des insociables et des immoraux, qui n'en feront pas moins la pluie ou le beau temps, la paix ou la guerre. Le père de famille, enfin, a le devoir et le droit d'élever et d'instruire ses enfants, soit personnellement, soit par délégation, conformément à sa conscience en même temps qu'aux garanties exigées par l'État. L'enfant mineur ne peut pas exercer lui-même ses droits ; il est sous une double tutelle, la tutelle immédiate de ses parents et la tutelle plus lointaine du gouvernement. Il reste donc pratiquement deux termes en présence : la famille et l'État. Méconnaître les droits de l'un ou les droits de l'autre, égale erreur. Donner à l'un ou à l'autre un pouvoir absolu sur l'enfant, égale erreur. C'est, avant tout, au père de faire ou d'assurer l'éducation de son enfant ; l'État ne peut intervenir que pour obliger les parents, s'il est nécessaire, à remplir leur devoir civique en même temps que familial d'éducation et d'instruction. Les parents gardent le droit de choisir les maîtres qui ont leur confiance, pourvu que ces maîtres remplissent les conditions de capacité exigées par la loi. Le droit d'enseigner, en effet, a des limites plus étroites que le droit d'aller et de venir, de parler et d'écrire ; c'est qu'il s'exerce à l'égard de mineurs, qui sont encore incapables de faire le triage du vrai et du faux, du bon et du mauvais. Si je parle en public ou si j'écris un livre, je parle et écris pour des citoyens majeurs, qui peuvent m'écouter ou ne pas m'écouter, me lire ou ne pas me lire. Dans l'enseignement, au contraire, je parle à des enfants ; ceux-ci sont obligés d'écouter ce que les parents et l'État demandent que je leur enseigne. De là des conditions de capacité, de moralité, d'indépendance dont l'État est juge et garant. On comprend donc qu'il impose ces conditions, mêmes rigoureuses ; on comprend qu'il pratique au besoin des exclusions, en se fondant sur ce que tels ou tels maîtres ne sont pas vraiment libres et indépendants, mais sont asservis à une souveraineté étrangère et hostile, comme celle d'un pape « infaillible » ; en un mot, on comprend toutes les précautions possibles et toutes les garanties possibles, mais ce que l'on ne comprend pas, c'est la confiscation de l'enseignement au profit de la majorité actuelle, représentée par une minorité d'hommes qui pas plus que les autres ne doivent dire : La vérité, c'est moi. Une fois toutes les conditions de capacité remplies, au nom de quel droit me refuserait-on le pouvoir d'enseigner, si des parents veulent me confier leurs enfants ? L'intérêt bien entendu de l'État lui-même est de laisser toutes les opinions libres, toutes les portes ouvertes, tout l'air et toute la lumière circulant sans entraves.

En somme, le monopole de l'enseignement est une injustice à l'égard de ceux qui voudraient et pourraient enseigner sous les conditions reconnues nécessaires ; il est une injustice à l'égard des parents qui, ayant élevé leurs enfants jusqu'à un certain âge, se voient tout d'un coup retirer le droit de les faire instruire

conformément à leurs propres convictions ; il est une
injustice à l'égard des enfants mêmes, que l'État oblige
à n'entendre que le son d'une seule cloche, celle qu'il
fait sonner. Il est une injustice à l'égard de la nation
entière, dont il compromet la liberté de conscience
et le progrès intellectuel. Enfin il est un mauvais service rendu à ceux mêmes qui espèrent profiter du privilège. Rien n'est pire que d'avoir seul le droit de parler
et de prononcer : c'est l'origine de toutes les erreurs in-
vétérées et de tous les aveuglements. On devrait, au besoin, solliciter la contradiction ; on devrait, au besoin,
payer les gens pour vous contredire, pour chercher
les points faibles de vos opinions. Les démocrates et
socialistes qui veulent s'arroger, par politique, le monopole de l'enseignement, répètent tous les vieux sophismes des fanatiques qui se sont prétendus la voie
et la vie. Ils ont beau dire qu'ils enseigneront au nom de
la science, là où il y a vraiment science il n'est pas nécessaire d'établir des monopoles. Croyez-vous que des
professeurs libres, munis de diplômes d'État, enseigneront aux élèves que deux et deux font cinq, qu'un
triangle a quatre angles ou que l'eau est un corps
simple? Que craignez-vous? Si vous craignez quelque
chose, c'est que vous savez qu'il s'agit de croyances et
d'opinions, non de science. Par conséquent, vous voulez
que votre opinion, à vous, soit tenue pour indiscutable,
comme si vous étiez Pie X en personne. Vous voulez
un monopole parce que vous savez que, si vous ne par-
liez pas seul, on trouverait cent raisons de vous contredire. Vous mettez en avant l'État, comme si vous étiez
l'État ; mais l'État est-il plus infaillible que les autres ?
L'État n'est-il pas, en fin de compte, le gouvernement,
— le gouvernement de tels et tels hommes aujourd'hui
au pouvoir, demain renversés et remplacés par d'autres
non moins éphémères ? Et c'est à ces hommes que vous

voulez donner le droit d'exploiter exclusivement les consciences de nos futurs citoyens ! Non l'État n'a qu'un droit de surveillance, de protection et de concurrence en face des initiatives individuelles ou associées. L'État, dans le problème de l'éducation, n'est qu'un élément, il n'est pas le tout. Laissez-le s'ériger en tout, vous aurez un despotisme destructeur de la science et de la morale. Si absurde que soit une croyance, elle a ses éléments de vérité ; elle est utile pour empêcher votre croyance, à vous, de se prétendre définitive et absolue, de se faire ainsi tyrannique. Pourvu que, dans mon enseignement, je ne renverse pas les bases contractuelles de l'ordre social, auxquelles chacun adhère par un consentement implicite, c'est-à-dire les lois de la justice reconnues de tous et inscrites dans les codes, j'ai le droit d'enseigner ce que je crois, ce que croient avec moi les parents qui me confient leurs enfants, dont ils ont la garde et la responsabilité. De même que le droit de la famille a pour limite le contrôle de l'État, le droit de l'État a pour limite la mission éducatrice de la famille. Mon enfant est à moi avant d'être à vous et à tout le monde, et si j'ai pris la peine de le soigner, de l'élever, de le moraliser, ce n'est pas pour le voir arraché de mes mains, traîné malgré moi sous le joug des politiciens de l'heure présente. On ne saurait trop répéter que toute puissance tend à abuser d'elle-même, que la « volonté de puissance » dont parle Nietszche a toujours besoin d'être tenue en échec par d'autres volontés. Cette balance de tous les pouvoirs n'est-elle pas le but même de la politique? C'est surtout dans le domaine de la pensée qu'il faut bannir les monopoleurs.

CHAPITRE III

L'ENSEIGNEMENT MORAL DANS LES DÉMOCRATIES
POSSIBILITÉ D'UNE SOLUTION SOCIOLOGIQUE DU CONFLIT SCOLAIRE

I

LA LIBERTÉ DE CONSCIENCE ET LA NEUTRALITÉ RELIGIEUSE DANS LES ÉCOLES

Nous n'irons pas jusqu'à dire avec Auguste Comte :
« Je regarde toutes les *institutions* comme de pures
niaiseries jusqu'à ce que la réorganisation *spirituelle* de
la société soit effectuée, ou du moins fort avancée. »
Mais nous croyons que la réorganisation spirituelle est
plus nécessaire encore que la réorganisation politique
ou même sociale. De là l'importance de cet art qu'on
nomme la pédagogie, c'est-à-dire la formation des futurs
citoyens. Les discussions actuelles sur l'enseignement
de la morale aux enfants prouvent à la fois que le public
a le sentiment de la difficulté et qu'il n'a pas de principe
sociologique pour la résoudre. Les uns contestent à
l'État le droit d'enseigner la morale, les autres veulent
qu'il enseigne une morale religieuse, les autres une morale antireligieuse, etc.

La sociologie établira facilement que, si l'État est,
comme nous le croyons, un *organisme contractuel*, il a

par cela même le droit et le devoir d'enseigner à ses jeunes membres les règles de conduite qui lui prépareront des citoyens éclairés et justes. De plus, aux yeux du sociologue, il existe aujourd'hui des courants irrésistibles, des mouvements d'opinion, des directions de la pratique collective qu'on ne peut pas annuler. La démocratie, par exemple, est un de ces courants ; la laïcisation de l'enseignement, motivée par la croissante divergence des croyances, en est un autre, inséparable du premier. Certains utopistes peuvent bien rêver le retour à l'ancien régime de l'unité confessionnelle, mais les peuples, eux, ne rêvent pas : la maladie du sommeil serait pour eux, à brève échéance, la mort.

Tout sociologue, comme tout moraliste, posera en principe la nécessité, au sein d'une société de moins en moins croyante et de plus en plus divisée dans ses opinions, d'établir l'enseignement sur des bases absolument indépendantes de toutes croyances religieuses ou même métaphysiques, de telle sorte que la morale ne partage pas les fluctuations de ces croyances et ne sombre pas avec elles. Si, chez les enfants du peuple, l'abandon simultané des règles morales et des croyances religieuses se produit souvent, c'est parce qu'on n'a pas fait, dès l'école, la légitime distinction de ces deux sphères. Dès lors, ne plus croire au prêtre, pour l'enfant mal éclairé de nos écoles actuelles, c'est souvent ne plus croire en Dieu ; ne plus croire en Dieu, c'est pour lui ne plus croire au bien et au mal ; ne plus croire au bien et au mal, c'est se juger libre de s'abandonner à tous les vices (1).

Ces fausses associations d'idées, d'ailleurs, ont été involontairement favorisées par les enseignements du

______

(1) Des esprits éminents partagent eux-mêmes l'opinion populaire. M. Paul Bourget a mainte fois déclaré qu' « il n'y a pas de principe moral en dehors de la religion ».

clergé lui-même, qui prêche volontiers que Dieu, l'Église et la morale sont absolument inséparables.

Si donc les enseignements laïques restent organisés de manière à corroborer sur ce point les enseignements du clergé, qu'arrivera-t-il ? A mesure que, dans un milieu de moins en moins chrétien, la jeunesse sera « déchristianisée », elle sera du même coup démoralisée. Or, qu'on le regrette ou non, c'est un fait sociologique, établi par toutes les statistiques, que l'indifférence en matière de religion, dont se plaignait déjà Lamennais, va croissant aujourd'hui et qu'il importe de ne pas laisser s'accroître, *pari passu*, l'indifférence en matière de morale, surtout de morale sociale. D'après les statistiques que donnent les publications catholiques, il n'y a guère qu'un centième des hommes de France et qu'un vingtième des femmes de France qui se confessent et communient une fois au moins par an. Quelques hommes et beaucoup de femmes continuent sans doute d'aller aux offices, surtout dans les campagnes, mais presque tous n'y vont, surtout les femmes, que pour ne pas se faire remarquer, soupçonner, mal noter dans l'opinion publique d'un petit milieu où « tout se sait ». La foi réelle et sincère a presque entièrement disparu. En même temps, les croyances philosophiques et métaphysiques sont nulles, ou à peu près, chez le peuple, qui ne fait pas la moindre différence entre le Dieu des philosophes et le Dieu des prêtres : il tient l'un et l'autre en une égale suspicion. Nous vivons, disait Renan, du parfum d'un vase vide ; de quoi vivrons-nous ensuite ? Le parfum est presque évaporé. Dans une situation aussi grave, combien n'est-il pas dangereux de lier, pour l'enseignement populaire, le sort de la morale à celui de la religion révélée et même de la religion naturelle ?

De simples lamentations sur notre état religieux ne

résoudront pas un problème qui est sociologique. Si les chrétiens peuvent rechristianiser la France, c'est leur devoir de l'essayer par la prédication, — je ne dis pas par la persécution. Si les philosophes spiritualistes peuvent relever en France, chez le peuple, la religion naturelle, la croyance de Voltaire et de Rousseau au Dieu rémunérateur et vengeur, c'est également leur devoir de l'essayer. Mais en attendant, comme disait Descartes, il faut vivre, et il faut vivre en société, plus particulièrement il faut vivre en France. Commençons donc par enseigner aux enfants les conditions de la vie en commun au sein de la patrie française. Ce ne sera pas seulement pour eux, comme pour Descartes, une « morale de provision », car, quoi qu'il arrive, les obligations sociales les lieront toute leur vie.

C'est bien là ce que le gouvernement démocratique a poursuivi en proclamant l'école neutre. Mais, en réalité, l'absolue neutralité n'a été réalisée ni dans l'ordre religieux, ni dans l'ordre philosophique. On avait laissé subsister, dans les anciens programmes, des notions de religion naturelle qui plaçaient l'enseignement moral sur un terrain que les religions confessionnelles ne pouvaient manquer de revendiquer.

On sait que les programmes de 1882 furent élaborés par Jules Simon, par Paul Janet et d'autres philosophes spiritualistes. On y disait expressément que l'instituteur « n'est pas chargé de faire un cours sur Dieu », qu'il doit seulement montrer que « les lois de Dieu doivent être lues avant tout dans notre conscience ». On demanda pour ce programme un vote de la Chambre, qui refusa. Jules Simon travailla alors le Sénat, qui autorisa l'introduction des phrases relatives à Dieu. Le projet revint ensuite devant la Chambre. Jules Ferry déclara qu'il ne fallait, à aucun prix, faire du maître d'école un « prêtre laïque »; et la Chambre refusa définitivement son vote. Mais l'auteur de la *Religion naturelle* se passa du vote de la Chambre et les programmes furent imposés aux écoles. Ils respiraient un très vague déisme, avec un parfum de protestantisme. On y recommandait libéralement d'enseigner aux enfants le respect de *toutes* les croyances religieuses. Les catholiques ne furent pas satisfaits et ne pouvaient pas l'être ; ils continuèrent de réclamer davantage. Ils voyaient là une sorte d'établissement officiel de la religion naturelle en rivalité avec les religions révélées.

L'école de Jules Simon fut même, malgré tous les efforts qu'il avait faits, appelée *l'école sans Dieu*, *l'école contre Dieu*. On prétendit qu'on avait « chassé Dieu de l'école ». Le théisme non confessionnel fut traité d'athéisme ; la religion naturelle, d'irréligion. Bref, pour rendre la République « aimable », comme disait Jules Simon, on avait voulu plaire à tout le monde et on ne contenta personne.

L'Église, d'ailleurs, ne pouvait pas, ne devait pas accepter la neutralité, qu'elle a constamment condamnée, aussi bien sous Léon XIII que sous Pie IX et sous Pie X. L'Église ne peut admettre qu'un seul enseignement, celui qu'elle donne, ou qu'elle autorise, ou qu'elle « contrôle ». C'est ce que les Évêques de France avaient le devoir de rappeler dans leur récente Lettre pastorale, où ils citent et commentent les textes catégoriques de Pie IX et de Léon XIII condamnant de la façon la plus formelle les « écoles neutres » par ce seul fait qu'elles sont neutres et non expressément catholiques. En le rappelant et en le prouvant, textes en main, il est possible que les Évêques de France, comme on le leur a reproché, n'aient pas montré beaucoup d'habileté politique, mais ils ont montré une parfaite sincérité religieuse, une entière obéissance au pape, et ils ont accompli strictement, comme ils le disent eux-mêmes, leur devoir épiscopal.

Si la neutralité a été toujours condamnée, c'est pour les mêmes raisons et dans les mêmes termes que la liberté de conscience. L'Église, dépositaire de la « Vérité », tolère parfois ce qu'elle ne peut empêcher ; mais cette tolérance est tout autre chose que la liberté de conscience : elle en est même le contraire. Le philosophe reconnaît la liberté de conscience du croyant ; le croyant ne reconnaît pas celle du philosophe. Quand le croyant veut *forcer* le philosophe, *compelle intrare*, le philosophe se considère naturellement en état de légitime défense ; mais le croyant, lui, se considère comme en état de légitime autorité, au nom de Dieu. La charité même lui commande l'emploi de la force, quand cet emploi est possible et *expédient*, puisque, pour les âmes, il n'y a point de salut éternel hors de l'Église catholique. C'est la doctrine de saint Augustin, de tous les docteurs et de tous les souverains Pontifes. « Ma première opinion, dit saint Augustin, était que personne ne peut être contraint par force à entrer dans l'unité du Christ, qu'il fallait agir par la parole, combattre par la discussion, vaincre par le raisonnement (1). » Mais l'exemple d'une petite ville qui semblait ramenée à la foi par la force fit penser à saint Augustin que la contrainte est nécessaire. Il fit alors la théorie de l'intolérance et mit en avant les principaux arguments sur lesquels devait, dans tous les siècles sans exception, s'appuyer la papauté. « Il est écrit, dit saint Augustin : *Contraignez tous ceux que vous rencontrerez*. Jésus ne dit-il pas lui-même : Nul ne vient à moi s'il n'est attiré par mon père ? » Et saint Augustin, par le plus sanglant des contre-sens, qui a causé la mort de millions d'hommes, prend le mot d'*attirer* au sens d'une contrainte agissant du dehors, *vis a tergo*. Enfin il ajoute le mot

(1) *Epist.*, CXIII, 17.

célèbre que devaient prononcer tous les inquisiteurs :
« Dieu lui-même n'a pas épargné son propre fils et l'a
livré pour nous aux bourreaux, *Deus proprio filio non
pepercit* (1) ».

Saint Thomas, que Léon XIII, à l'exemple de tous
ses prédécesseurs, considérait comme la grande voix
de l'Église, professe la même doctrine et en fait la démons-
tration en règle. « Si les faussaires et autres malfaiteurs,
dit-il, sont justement punis par les princes séculiers, à
plus forte raison les hérétiques convaincus doivent-ils
être, non seulement excommuniés, mais justement occis
(*juste occidi*). L'Église témoigne d'abord sa miséricorde
pour la conversion des égarés, car elle ne les condamne
qu'après une première et une seconde réprimande. Mais,
si le coupable est obstiné, l'Église, désespérant de sa conversion et veillant sur le salut des autres, le sépare de
l'Église par la sentence d'excommunication et *le livre au
jugement séculier pour être séparé de ce monde par la
mort*. Car, ainsi que le dit saint Jérôme, les chairs
putrides doivent être *coupées*, et la brebis galeuse *sépa-
rée du troupeau*, de peur que la maison tout entière,
tout le corps, tout le troupeau ne soit atteint de la con-
tagion, gâté, pourri et perdu. Arius ne fut qu'une étincelle à Alexandrie. Mais, pour n'avoir pas été étouffée
d'un seul coup, cette étincelle a enflammé l'univers (2). »
Telle fut toujours, dans sa logique éloquente, la doctrine officielle et orthodoxe. Comment donc, sans nier
l'histoire, rejeter sur le bras séculier la responsabilité
de l'intolérance religieuse ? Aucun concile, aucun pape
n'a jamais dit un mot, un seul, qui fût en contradiction
avec la théorie de saint Augustin et de saint Thomas ;
le *Syllabus* de Pie IX, qui a étonné les ignorants, n'était
que le résumé de la doctrine constante de l'Église.

(1) *Epist.*, XCIII, 5.
(2) *Somme*, II, II, 9, 11, ort. 3.

Cela ne veut pas dire que, dans le domaine de la morale, l'Église nie toute lumière naturelle. Mais l'Église ne permet pas et ne peut pas permettre d'enseigner une morale indépendante et neutre, parce qu'elle la juge insuffisante pour le salut et que la mission divine de l'Église est précisément d'ajouter la grâce à la nature, la foi à la raison. Elle est dans son rôle ; espérer l'en faire sortir, c'est oublier à la fois les dogmes de l'Église et l'histoire de l'Église. Chaque pape, en prononçant son serment solennel, se lie à tout ce qu'ont déclaré *ex cathedrâ* ses prédécesseurs. Qu'il s'appelle Léon ou Pie, aucun ne violera son serment à l'exemple d'un simple Bonaparte.

Supposer possible quelque nouveauté et quelque « réformation » dans l'Église romaine, ce serait l'injurier, ce serait la nier. Léon XIII n'a-t-il pas condamné ce « langage damnablement novateur, où il est question d'ordre nouveau, de nouvelle vie chrétienne, de nouvelle *vocation sociale* du clergé, etc. » ? Pie X n'a-t-il pas déclaré à son tour que tout a été défini pour jamais par « notre Sainte Mère l'Église, épouse de Jésus-Christ, lequel lui a transmis intégralement sa doctrine » ? Pie X n'a-t-il pas lancé l'anathème contre tout « esprit novateur » ? Il parlait *ex cathedrâ* d'après « la sentence approfondie des éminentissimes et révérendissimes cardinaux, ministres de la Sainte Inquisition ». S'imaginer que le catholicisme peut, sans se renier lui-même, changer quoi que ce soit à son esprit, à ses dogmes, ou même à ses pratiques traditionnelles, c'est confondre l'opportunisme de la politique papale, flexible selon les nécessités du temps, avec l'inflexibilité des croyances immuables, à laquelle veillent, en même temps que le pape, tous les chefs des toutes-puissantes Congrégations religieuses dont il est enserré et sans lesquelles il ne peut rien.

On a prétendu que l'histoire de l'Église était une longue suite de concessions. Rien n'est plus faux. L'Église ne fait jamais de concession que dans l'ordre politique, et encore ne fait-elle que des concessions obligées, comme quand la France a concédé l'Alsace-Lorraine : c'est sa force et c'est sa grandeur.

En ce qui concerne l'enseignement moral, la situation de l'État laïque en face de l'Église est donc devenue la suivante : ou confier à la papauté et à ses représentants le soin de rédiger les programmes de morale que devront suivre les protestants, les juifs et les libres penseurs ; ou rédiger soi-même les programmes à l'usage de tous dans le sens de la neutralité la plus absolue et la plus sincère.

II

LA LIBERTÉ DE CONSCIENCE ET LA NEUTRALITÉ PHILOSOPHIQUE DANS LES ÉCOLES

Le fait nouveau, le fait capital qui met la situation présente en contraste avec celle du siècle dernier, c'est la séparation des Églises et de l'État, c'est le conflit aigu qui en est résulté, c'est l'égale intransigeance qui s'est manifestée des deux côtés et qui va s'accentuant tous les jours. Comment, après la séparation des Églises et de l'État, après les rébellions des Inventaires, après la dissolution des congrégations non autorisées, après la suppression des emblèmes religieux, des prières et de la récitation du catéchisme dans les écoles, des messes du Saint-Esprit dans les lycées, après la laïcisation des hôpitaux, le retour des églises aux communes et à l'État, la suppression des cérémonies officielles à Notre-Dame et dans les autres églises, la suppression des aumôniers, etc. ; comment, après toutes ces mesures dont je n'ai pas à discuter ici l'opportunité, mais qui sont bien des faits nouveaux et imposent des obligations nouvelles ; comment, après le refus exprès de la Chambre en 1882, après l'attitude analogue de toutes les Chambres ultérieures, dont aucune n'a voulu sanctionner l'introduction d'éléments théologiques et métaphysiques dans la morale ; comment, dis-je, l'horloge scolaire resterait-elle arrêtée à l'heure que marqua, il y a un tiers de siècle, le doigt de Jules Simon ? S'il vivait encore, l'auteur même de la *Religion naturelle*, se souvenant qu'il a écrit aussi en exil la *Liberté de conscience*, avancerait l'aiguille et la mettrait à l'heure.

De fait, les instituteurs qui voulurent suivre fidèlement les programmes de 1882 se trouvèrent en butte à toutes les tracasseries. Le maître, disaient les instructions officielles d'alors, « devra éviter comme une mauvaise action tout ce qui, dans son langage ou son attitude, blesserait les croyances religieuses des enfants confiés à ses soins ; tout ce qui trahirait de sa part, envers *une opinion quelconque*, un manque de respect et de réserve ». C'était admirablement parler. Mais, parmi les « opinions quelconques », il y avait aussi celles des libres penseurs. Que d'opinions à ménager pour le pauvre maître d'école ! Il y aurait fallu une diplomatie plus savante que celle de Talleyrand.

Il y a trente ou quarante ans, les notions spiritualistes pouvaient être à leur place dans l'enseignement primaire et dans les livres qui s'y rapportaient. Ces notions constituaient une transition entre le religieux e le laïque ; elles permettaient de laïciser l'enseignement au point de vue religieux sans justifier les accusations d'athéisme de la part des religions positives. Mais, outre que de telles accusations se produisirent quand même, cette situation provisoire était éminemment instable et les événements ne l'ont que trop prouvé.

Il y avait dans ces programmes un vice secret, qui ne tarda pas à se révéler. Conformes à la neutralité religieuse, ils étaient contraires à la *neutralité philosophique ;* ils enveloppaient une philosophie d'État et même une religion d'État, quoique religion naturelle et non révélée. Ils étaient donc en opposition, sur ce point, avec l'absolue liberté de conscience qu'ils proclamaient.

Il peut y avoir, il y a certainement dans les villes et parfois dans les campagnes, parmi les parents, des disciples de Proudhon, de Marx, d'Auguste Comte, de Littré, etc. Pourquoi les mettre hors la loi ? Pourquoi n'auraient-ils pas le droit de demander qu'on s'abstienne, dans les écoles, de ce qui contredit leurs croyances, vraies ou fausses ? J'ai beau être pour ma part un philosophe idéaliste, j'ai beau avoir consacré une vie entière aux problèmes de la pensée et de la vie, des origines et des destinées, je ne me reconnais nullement le droit d'imposer aux partisans du positivisme ou du naturalisme un enseignement scolaire qu'ils ne trouvent pas à leur gré pour leurs enfants. Un disciple de Spencer ou de Taine a autant de droit qu'un disciple de Victor Cousin ou de Jules Simon à ce qu'on lui réserve l'éducation *philosophique* de ses jeunes enfants. Le positivisme, lui aussi, se donne comme une religion ; il a même ses cérémonies ; comment l'instituteur mettra-t-il d'accord la religion positiviste et la religion du Vicaire Savoyard ? D'autre part, le prêtre trouvera toujours qu'on n'en dit pas assez sur la religion révélée, ou qu'on est trop neutre, trop indépendant. Et c'est le devoir du prêtre, puisque la neutralité, encore un coup, est solennellement condamnée par l'Église.

Si nous voulons juger avec impartialité, n'oublions pas que le maître, quand il fait lire aux enfants un manuel de morale, est obligé de commenter tous les mots et d'en fournir aux élèves l'explication. Vous voyez d'ici l'embarras qui était créé par l'ancien programme. Si le maître définit Dieu un être infiniment parfait, le prêtre, consultant sa conscience, voudra qu'on ajoute : qui a créé le ciel et la terre en six jours et s'est reposé le septième, d'où l'obligation du repos dominical. Si l'instituteur dit que Dieu est en effet le créateur du monde, le prêtre voudra qu'il ajoute : Il n'y a qu'un seul Dieu. Or, on a vu M. Renouvier (première manière) et on voit aujourd'hui M. William James (seconde manière) admettre une pluralité de dieux finis et non tout-puissants (ce qui simplifie le problème du mal, mais ne simplifie pas celui de la divinité). Si pourtant l'instituteur déclare, avec le prêtre, qu'il n'y a qu'un seul Dieu, le prêtre, écoutant encore sa conscience de prêtre, voudra qu'on ajoute : en trois personnes. De même, si le maître aborde, du point de vue purement laïque, les devoirs envers Dieu, il faudra qu'il se borne à « l'adoration » et à « la prière ». Mais l'adoration, dans l'esprit de l'humble enfant des campagnes, se confondra plus ou moins avec l'adoration des mages, avec l'Adoration du Sacré-Cœur, avec l'Adoration perpétuelle. Comment l'instituteur réussira-t-il à dégager la sublime « adoration en esprit et en vérité », celle qui n'aura plus lieu « dans les temples »; et que penseront les élèves de cette adoration si différente des cultes actuels ? Si l'instituteur passe à la « prière », de quelle prière parlera-t-il ? Du *Notre Père ?* Le Conseil municipal de Paris déclarera, comme il l'a fait en 1886, que c'est là une prière confessionnelle. Et où faudra-t-il prier ? Si c'est à Notre-Dame ou dans toute autre église, le Conseil municipal de Paris déclarera de nouveau, non sans quelque vraisemblance, que Notre-Dame est plus que jamais, depuis la Séparation, un édifice *cultuel* et confessionnel. L'instituteur chargé d'enseigner les devoirs envers Dieu s'avancera ainsi sur des charbons ardents. En outre, puisque beaucoup d'enfants de l'école ont pour pères des positivistes, surtout à Paris, ces pères diront que la prière suppose une suspension possible des lois de la nature ; et ils ne voudront point que leurs enfants, en admettant des miracles, perdent ce que Comte appelait « le sens de la causalité naturelle, apanage du civilisé ». Quand l'instituteur en viendra aux *sanctions* divines de la morale, s'il ne parle pas du paradis, de l'enfer et du purgatoire, le prêtre le traitera d'incrédule. S'il parle du paradis et de l'enfer, sans parler du purgatoire, le prêtre le traitera de protestant. S'il parle du paradis et du purgatoire, en supprimant l'enfer éternel, le prêtre l'accusera d'origénisme, si toutefois il connaît Origène. Dans tous les cas, le modeste philosophe de campagne, obligé de se tenir dans le vague, sera suspect d'hérésie. Supposons que l'instituteur fasse lire et ait à commenter les lignes suivantes : « Tant que le mystère de l'infini pèsera sur la pensée humaine, des temples seront élevés au culte de l'infini, que le Dieu s'appelle *Brahma, Allah, Jenovah* ou *Jésus.* » Le prêtre de campagne se contentera-t-il du sentiment platonique de l'infini et sera-t-il satisfait de voir ensemble sur la même ligne Brahma, Allah et Jésus ? Cependant cette phrase est du fidèle croyant Pasteur, dans son *Discours de réception à l'Académie française.* Ceux qui font des sermons religieux n'aiment pas les sermons laïques. On ne peut contenter tout le monde et son père spirituel (1).

Et si l'instituteur lui-même est peu croyant, s'il fait

(1) La situation des institutrices est encore plus embarrassante, parce qu'elles sont plus faibles, plus exposées à des commentaires hostiles de la part des camps les plus divers. Qu'elles parlent de Dieu sans en parler selon les désirs du prêtre, ce sera un scandale dans le village.

partie du grand bataillon de positivistes ou d'« agnosticistes » qui va grossissant dans l'instruction primaire, quel accent de sincérité mettra-t-il en ses paroles ? Les enfants sont de fins psychologues ; ils lisent dans les yeux de leur maître ; ils épient son visage et y saisissent le plus fugitif des sourires. Ils savent si on leur parle avec les lèvres ou avec le cœur. La pire des leçons que le maître puisse donner à des enfants, c'est le manque de sincérité.

N'essayons donc plus de transformer les instituteurs en apôtres malgré eux, en prédicateurs de la religion naturelle. L'esprit souffle où il veut, et il ne suffit pas d'une circulaire ministérielle pour faire descendre l'Esprit Saint en langues de feu dans la bouche des instituteurs.

Puisque l'enseignement religieux est, surtout depuis la Séparation, donné librement en dehors de l'école à tous les enfants de toute confession, catholiques, protestants, israélites, par les seuls maîtres compétents et qualifiés, comment prétendre que les enfants de l'école sont élevés dans l'athéisme ? Et comment vouloir que le malheureux instituteur soit à la fois, dans sa classe, prêtre, pasteur, rabbin et philosophe ? Il ne peut faire à la fois tous les métiers.

On objectera que les classiques contiennent des passages confessionnels. Sans doute, et il ne s'agit nullement de mutiler les classiques, documents historiques et littéraires qui ne s'adressent pas aux enfants des écoles et demeurent intangibles. Mais on peut y choisir avec discernement les pages peu nombreuses qui conviennent à de jeunes enfants du peuple.

Les réflexions que nous venons de faire ne s'appliquent naturellement qu'à l'instruction primaire. L'enseignement secondaire se trouve dans des conditions tout autres. Il s'adresse à des jeunes gens qui font un cours complet d'études jusqu'à dix-huit ans, en vue des professions libérales, en vue de l'accès à l'enseignement supérieur, aux Écoles du gouvernement, etc. L'enseignement secondaire, dans les classes de philosophie, a pour but de développer l'esprit critique, qui est essentiel à l'esprit philosophique ; mais, quand il s'agit d'enfants de huit à quatorze ans, va-t-on en faire des « critiques » au petit pied, des philosophes imberbes, scrutant les origines et les destinées ? Transportez la philosophie dans les écoles primaires, elle y sera défigurée comme l'y est trop souvent la religion.

Il faut donc revenir à la grande tradition des philosophes de la Révolution française. Selon Condorcet, il y a des règles de la vie invariables, tenant à la nature même des choses et de la société, indépendantes des croyances métaphysiques ou religieuses ; l'instituteur doit s'y tenir dans les écoles de l'État. Les croyances particulières peuvent fournir à certains esprits des motifs plus puissants pour éviter le mal, mais, dit Condorcet, « ces motifs n'acquerront-ils pas une force plus grande sur tout esprit capable de réflexion, s'ils ne sont employés qu'à *fortifier* ce que la *raison* ou le *sentiment intérieur* ont déjà commandé » ? L'interdiction d'enseigner à l'école des doctrines autres que morales et sociales doit, selon Condorcet, « s'étendre même à ce qu'on appelle
» religion naturelle ; car les philosophes théistes ne
» sont pas plus d'accord que les théologiens sur l'idée
» de Dieu et sur ses rapports moraux avec les hommes.
» C'est donc un objet qui doit être abandonné, sans
» aucune influence étrangère, à la raison et à la con-
» science de chaque individu. »

Condorcet laisse d'ailleurs subsister les écoles libres, sans monopole de l'État. L'existence de ces écoles libres, dit-il, « sera un moyen de corriger les vices de l'instruction publique, de suppléer à son imperfection, de soutenir le zèle des maîtres par la concurrence ». Toutefois, il exclut du professorat des écoles primaires, même libres, toutes les congrégations religieuses, toutes les corporations, « dont c'est la tendance d'être des foyers de prosélytisme particulariste et d'opposer des intérêts corporatifs à l'intérêt de l'État ».

III

LA MORALE SCOLAIRE DOIT ÊTRE SOCIOLOGIQUE

Désormais séparé des Églises religieuses, l'État doit être également séparé des Églises philosophiques. L'école ne doit pas être plus confessionnelle en fait de métaphysique qu'en fait de religion. Étant *obligatoire*, elle ne doit pas empiéter, elle ne doit pas usurper ; elle ne doit violer aucune conviction, pas plus celle du positiviste que celle du spiritualiste. Le grand mal de notre temps, c'est la division des croyances aussi bien philosophiques que religieuses ; c'est ce qu'on pourrait appeler l'état de guerre spirituelle. Le grand but de l'enseignement doit être le rapprochement des esprits et des cœurs sur les terrains d'entente commune. Pour cela, il faut donner à la science la plus large part dans l'enseignement : la science unit les esprits, tandis que les croyances religieuses ou même métaphysiques les divisent.

La partie scientifique de la morale, c'est la partie *sociologique*, celle qui étudie les conditions essentielles de toute société, les obligations essentielles de tout homme en tant que membre de la société. Une telle morale est donc indivisiblement sociale, familiale et personnelle. Je voudrais bien savoir s'il existe une société qui n'ait pas parmi ses conditions la justice et la bienfaisance, ou même ces vertus dites privées que les anciens appelaient *sapientia, temperantia, fortitudo*. Les sept péchés capitaux des théologiens sont aussi des péchés sociaux : orgueil, c'est insociabilité ; paresse, c'est insociabilité ; colère, c'est insociabilité ; envie, intempérance, luxure, voilà des vices qui rejaillissent sur la société entière. Nos petits Français sont-ils donc au-dessous des petits Athéniens ou des petits Romains d'avant le christianisme ? Sont-ils incapables de comprendre et d'admirer les vertus qui étaient à la base de la cité antique comme de la nôtre ? A qui le fera-t-on croire ? Dans ma jeunesse, on nous faisait lire le *Selectæ e profanis scriptoribus historiæ*, qui était tout un cours de morale enseigné par les auteurs anciens ; on y apprenait toutes les vertus privées et civiques, même la *caritas humani generis* ; et nos grands maîtres de morale étaient les philosophes païens. Toutes les déclamations sur l'impossibilité d'une morale laïque ne sauraient prévaloir contre les faits. La morale laïque peut être et doit être insuffisante aux yeux des hommes religieux ; mais qui les empêche de la compléter et qui les autorise à la nier ? Le moindre élève de philosophie sait que la morale exclusivement *fondée* sur l'idée de Dieu est une vaste pétition de principe. On donne chaque année au baccalauréat une vingtaine de dissertations à faire sur ce sujet. Les parents protestent-ils (1) ?

Le matérialisme n'a certainement aucun droit à devenir philosophie d'État, religion d'État ; mais le spiritualisme n'y a pas droit davantage. L'intolérance

____

(1) Il y a bien longtemps que nous avons nous-même réfuté la morale fondée sur l'idée de Dieu ou de la Volonté divine ; qu'on nous permette de rappeler ici le chapitre sur la *Morale théologique* dans notre *Critique des systèmes de morale contemporains*. Ultérieurement, nous avons appuyé, en la renforçant encore, sur la même conception d'une morale tout immanente dans notre *Morale des idées-forces*.

philosophique est de toutes la plus odieuse en même temps que la plus illogique. Depuis Kant, le moindre philosophe, le moindre élève de philosophie dans nos collèges sait qu'il est absolument impossible de démontrer l'existence ou la non-existence de Dieu. Il y a de très fortes raisons pour; il y en a aussi contre, tirées de l'existence du mal, de la douleur, de la mort, du crime, de la guerre universelle dans la nature sourde et aveugle. Les uns croient malgré tout, malgré le grand scandale de l'univers; ils croient parce qu'ils pensent avec Platon que la plus haute idée de notre intelligence doit avoir une valeur réelle; ils croient parce qu'ils veulent la victoire finale du bien et ne la conçoivent que sous la forme d'un Dieu victorieux. Les autres doutent et considèrent comme un *devoir* de douter, parce qu'ils trouvent l'idéal incompatible avec le réel; et ils disent avec Alfred de Vigny :

Si le ciel nous jeta comme un monde avorté,
Le juste opposera le dédain à l'absence
Et ne répondra plus que par un froid silence
Au silence éternel de la divinité.

Ils disent encore avec Guyau :

Supprimer Dieu, serait-ce amoindrir l'univers ?
Les cieux sont-ils moins doux pour qui les croit déserts ?
Si les astres, traçant en l'air leur courbe immense,
M'emportent au hasard dans l'espace inconnu,
Si j'ignore où je vais et d'où je suis venu,
Si je souffre et meurs seul, du moins, dans ma souffrance,
Je me dis : Nul ne sait, nul n'a voulu mes maux,
S'il est des malheureux, il n'est pas de bourreaux,
Et c'est innocemment que la nature tue.
Je vous absous, soleil, espaces, ciel profond,
Etoiles qui glissez, palpitant dans la nue !...
Ces grands êtres muets ne savent ce qu'ils font.

Croyants et incroyants sont également dignes de respect; car c'est, au fond, la même idée et le même amour du bien qui leur fait admettre ou rejeter un être en qui il serait individualisé. La réalité de cet être demeurera toujours un objet de croyance personnelle. Comment donc, sans une flagrante injustice, sans une violation de la liberté de conscience, en faire un objet d'enseignement légal, *obligatoire* et *neutre*? C'est fouler aux pieds les principes mêmes de notre droit constitutionnel et civil. C'est aussi, au point de vue philosophique, renverser l'ordre logique des idées ; car, si nous n'avions pas d'abord les idées de justice, de bonté, d'intelligence, de puissance, comment arriverions-nous à concevoir la possibilité d'un être souverainement intelligent, puissant, juste et bon ? Nous ne croyons pas au bien parce que Dieu existe, mais nous croyons ou ne croyons pas à Dieu parce que nous y voyons ou nous n'y voyons pas un moyen d'assurer le triomphe de la moralité dans le monde.

Il y a d'ailleurs des théistes irréligieux et des athéistes religieux (1). Les théistes irréligieux affirment la *réalité* de Dieu et en nient l'*idée* dans leurs actes, soit par l'indifférence qu'ils montrent, soit par leur immoralité pratique. Les athéistes religieux nient ou plutôt mettent en doute la *réalité* de Dieu, mais en affirment l'*idée* par leurs actes, qui se conforment à un idéal de justice et de bonté dont la nature extérieure, à leurs yeux, ne montre aucune trace.

Que l'État neutre intervienne en de pareils problèmes, tourments des consciences, ce serait un contre-sens et une iniquité. Ce serait de plus un moyen d'augmenter la discorde. Grâce à nos luttes intestines et au rôle politique que le clergé a joué dans notre histoire, le grand nom de Dieu est tenu en une fâcheuse défiance dans les

(1) Je préfère le mot *athéiste* au mot *athée*, que l'on prend d'ordinaire en un sens péjoratif pour désigner l'homme qui se débarrasse de l'*idée* de Dieu afin de s'abandonner librement à tous ses vices.

milieux populaires, inhabiles à faire la moindre distinction entre la théologie révélée et la théologie naturelle. Des associations d'idées déplorables et des souvenirs de l'ancien régime enveloppent, chez les esprits simples, toutes les croyances théistes, même quand elles ne prennent pas une forme confessionnelle. Elles leur semblent un filet tendu sous leurs pas, un obstacle à leurs espérances et à leurs revendications. Il y a là un état d'esprit que le catholicisme a, pour la majeure part, contribué à produire par son opposition au progrès moderne et par son attachement aux anciennes servitudes. On ne peut pas ne pas tenir compte de cette fâcheuse situation. L'instituteur ne doit pas volontairement exaspérer les esprits par un enseignement qui suspendrait la morale à la religion naturelle. Il faut, comme le voulait Jules Ferry, que nos instituteurs n'aient jamais à craindre « de contradiction sérieuse sur ce qu'ils disent », et, pour cela, ils ne doivent rien dire que [de scientifique, même en morale ; or, encore un coup, la morale scientifique, c'est la morale sociologique. Le maître doit donc s'y tenir strictement, sans prétendre pour cela qu'elle soit *toute* la morale, la *seule* morale. Les négations lui sont interdites comme les [affirmations. Il est dans la même position qu'un professeur de géométrie ou de chimie, qui ne doit pas faire de morale, ni religieuse ni métaphysique.

Concluons que l'État, qui agit et parle au nom de tous, selon les principes admis par tous comme bases de l'État même, n'a de *droit* et de *compétence* que pour enseigner aux enfants les principes d'organisation contractuelle sans lesquels il ne peut vivre ; les obligations de tout *citoyen*, membre contractant, envers lui-même et envers les autres citoyens, en un mot, le respect de la personne humaine et de la société humaine.

C'est là ce que nous appellerions volontiers la solution sociologique du conflit scolaire. Il nous semble que les hommes des divers partis, dont elle respecte également toutes les opinions, devraient l'admettre dans un esprit de paix et d'absolue impartialité, comme la seule conforme à la liberté de conscience inscrite dans nos lois.

LIVRE IV

LA DÉMOCRATIE SOCIALE

LIVRE IV

LA DÉMOCRATIE SOCIALE

CHAPITRE PREMIER

LE PROGRÈS SOCIAL EN FRANCE

C'est une loi générale de l'histoire que le progrès
social est toujours en retard sur le progrès matériel et
scientifique, comme aussi sur le progrès politique. Alors
même que, dans leurs rapports avec les choses, les
hommes ont acquis une réelle supériorité, ils conservent
encore un certain temps, dans leurs rapports moraux
ou juridiques avec leurs semblables, les mœurs de l'âge
précédent; plus civilisés matériellement et intellectuellement, mieux organisés politiquement, ils restent encore socialement barbares. Notre époque en est un
nouvel exemple. Le premier aspect sous lequel elle se
montre, surtout en France, c'est celui du désarroi social: confusion et lutte des intérêts, des passions, des
doctrines. Le chœur des économistes et le chœur des
collectivistes nous font entendre la strophe et l'anti-

strophe : « La démocratie politique suffit à tout », disent les uns. — « Elle ne sert à rien », répondent les autres, « si elle ne devient pas socialiste ». — « La propriété se dissémine », disent les uns. — « La propriété se concentre, disent les autres, aux mains d'une féodalité nouvelle, qui tend à devenir maîtresse absolue de la vie économique, politique et morale du peuple tout entier, réduit par elle à cette forme moderne de l'esclavage qu'on nomme salariat. » — « Non, reprennent les premiers, la propriété passe de plus en plus aux mains des travailleurs. » — « Non, répliquent encore les seconds, elle se dissocie d'avec le travail. » En entendant ces paroles contradictoires, le sociologue ne peut s'empêcher de se demander si les deux partis n'ont pas tout ensemble tort et raison, si des courants de faits opposés ne se produisent pas dans les sociétés modernes, surtout dans notre démocratie française, de manière à justifier partiellement des conclusions différentes, que l'on a tort d'ériger en affirmations absolues. Pour un observateur attentif et impartial, est-il donc impossible, en ce chaos de mouvements contraires, de dégager une direction résultante, qui est le progrès de la démocratie sociale ?

I

LE MOUVEMENT DES RICHESSES, LEUR CONCENTRATION ET LEUR DIFFUSION

Reportons-nous d'abord en arrière. Sous l'ancien régime, on travaillait, on souffrait : c'était la vie telle que la religion l'avait consacrée, avec les longs espoirs d'outre-tombe pour en adoucir l'amertume. Entre les classes d'alors, malgré la séparation politique, il

n'y a point cet abîme que quelques-uns se figurent
avoir existé : on vit ensemble, dans un espace restreint, avec le même étroit horizon ; on se voit tous
les jours, on se connaît, on se mêle sans se confondre. La charité chrétienne, sous sa forme privée,
accomplit une œuvre immense, qu'on n'a pas le droit de
méconnaître parce qu'on est incroyant ; quant aux fondations publiques de bienfaisance, elles n'assistent alors
que des catégories déterminées, soldats invalides, marins
mutilés, lépreux, malades, incapables ; on ne rêve pas
encore une assistance universelle de l'État. Les corporations, d'ailleurs, tout en assurant le travail, sont
aussi des confréries de secours mutuels. L'ouvrier y
est pris tout entier, renfermé ; c'est toute sa personne
qui y est engagée ; en échange de sa liberté perdue,
il trouve aide et secours. Pourtant la misère grandit ;
en vain les Vauban, les Fénelon, les Bossuet, les La
Bruyère, les Turgot, en dépeignent les horreurs : « Sans
les abus, répond de Calonne, que deviendrions-nous ? »
Et c'est ainsi que la Révolution éclate.

Les hommes de 1789 avaient à lutter contre les excès
du pouvoir absolu, contre une organisation oppressive
qui s'étendait aux personnes en même temps qu'aux
biens. Pour assurer les droits de tous, la Révolution,
imitant ici l'individualisme anglais, déclara l'égale
liberté de chacun. Était-ce assez ? Non. La liberté n'est
pas par elle-même une force motrice ni directrice ;
elle est, comme l'espace, nécessaire pour marcher,
mais, comme lui, elle n'a jamais transporté personne.
De même pour l'égalité. Il était beau et légitime de
décréter théoriquement l'ouvrier l'égal du maître, mais
à la condition que, sous ce prétexte, le maître ne se
dispensât point pratiquement de ses obligations morales d'assistance, de protection, d'équité même dans
les contrats. Les forces étant inégales, la liberté de

déployer ses forces devait aboutir à des inégalités de fait tellement considérables que *liberté* et *égalité* demeureraient à l'état platonique. En face du droit individuel et pour le limiter, la Révolution ne proclama pas le devoir de justice sociale ; ou du moins, sous le nom de *fraternité*, elle le laissa à l'état vague de sentiment, sans résultat juridique. Enfin, en détruisant (avec raison) privilèges et monopoles, la Révolution en France, de même que la Réforme en Angleterre, se laissa entraîner jusqu'à détruire le principe même d'association. Ce fut sa grande faute.

La Révolution croyait ainsi ne fonder que la démocratie, elle ouvrit les voies à la ploutocratie. Une fois les hommes déclarés libres, égaux et frères, mais non rendus tels, quel devait être le principal signe de supériorité sociale, dans une civilisation de plus en plus industrielle ? La richesse. Les capitaux, d'ailleurs, sous ce régime d'égalité prétendue, avaient seuls le droit de s'associer ; ils en profitèrent. Les excès financiers éclatèrent dans la société nouvelle comme une maladie de croissance. Le peuple, excité par ses tribuns, ne vit que le mal. De là cette apparence plausible que les excès du capitalisme donnèrent aux accusations contre le capital même ; la foule peu instruite n'aperçut que les phénomènes de surface et les abus exceptionnels. Comment serait-elle arrivée à comprendre les causes sociales et économiques dont surent profiter des hommes intelligents, les services que certains de ces hommes purent rendre à tous en s'enrichissant eux-mêmes ? Le contraste ne fit que devenir plus choquant entre la rapide fortune des uns et la misère chronique des autres, même diminuée ; car toutes les institutions et toutes les croyances qui jadis semblaient légitimer ce contraste avaient presque disparu dans notre pays. Les anciennes inégalités étant fondées sur

la violence et la conquête, leurs causes étaient visibles
et ne choquaient pas les vaincus, forcés de reconnaître
une supériorité de fait. Aujourd'hui, précisément parce
qu'en France les inégalités sont établies sur des causes
moins brutales, — tantôt sur le mérite, tantôt sur des
phénomènes sociaux dont certains individus ont tiré
avantage, — la justice plus grande fait paraître les
inégalités plus injustes. Ceux qui en souffrent (moins
qu'ils ne souffriraient d'une supériorité violente) s'imaginent qu'ils pourraient aussi bien être à la place de
ceux qu'ils envient ; leur ignorance attribue tout au
succès, au hasard, à l'intrigue. Moins ils sont violentés,
plus ils se plaignent de l'être.

Le caractère de la nation la plus sociable devait subir
au plus haut point le contre-coup d'un nouvel ordre de
choses qui laissait les individus aux prises les uns avec
les autres. Les conditions, jadis presque immuables,
furent bouleversées depuis la Révolution. Au lieu de
demeurer chacun dans sa sphère native, les membres
des diverses classes subirent une sorte de « brassage »
soudain, élevant les uns, abaissant les autres, enrichis
sant ceux-ci, ruinant ceux-là. Des courants de toutes
sortes s'établirent, qu'on a justement comparés à « une
eau soumise à la chaleur » où le rapport des diverses
couches est rompu : ce fut une ébullition universelle.
Du même coup, toutes les ambitions ne pouvaient
manquer d'être excitées : le *nemo sorte sua contentus*
prit une réalité aiguë ; la dislocation du vieil état de
choses fit rêver de bouleversements plus grands encore.
Les inconvénients de l'ordre social devinrent de plus en
plus conscients dans un pays et sous un régime où tant
de voix crièrent tout haut ce qu'autrefois on pensait
tout bas, ce qu'on sentait même simplement sans le
formuler en pensées.

Il faut d'ailleurs reconnaître que les maux d'autrefois

avaient été remplacés par d'autres. L'introduction des machines et le développement de la grande industrie, ordinairement aux mains de compagnies anonymes qui jouissaient d'un monopole de fait, changèrent les conditions des travailleurs. La Révolution ayant laissé les ouvriers isolés comme des grains de poussière, la fameuse loi de l'offre et de la demande ne put fonctionner dans sa sincérité. Enfin, l'organisation nouvelle enveloppait une profonde antinomie qui ne pouvait manquer de devenir visible avec les progrès mêmes de la science et de l'outillage industriel. D'une part, la science rendait cet outillage de moins en moins individuel, de plus en plus collectif et social, en y incorporant le travail scientifique des générations ; d'autre part, l'État ne laissait plus guère subsister en France d'autre grande association que lui-même. Il en devait résulter, finalement, la pensée de confier à l'État l'outillage social. Ainsi le socialisme naissait des excès d'un individualisme qui n'avait plus d'autre frein que l'État même.

A côté de tous les maux qui choquaient avec raison les esprits dans le nouvel état social, le bien n'existait-il pas cependant, moins visible parce qu'il se cachait davantage, moins bruyant parce qu'il agissait au lieu de parler ? La vertu fondamentale de l'ordre économique, c'est le travail, avec son complément, l'épargne. « Dans mes études d'histoire naturelle, disait Cuvier, je n'ai pas trouvé une espèce, une classe, une famille qui m'effraie autant que la nombreuse famille des paresseux. » Ce n'est certes pas dans le peuple français qu'elle a pullulé au xixe siècle. L'épargne y est devenue plus forte qu'en mainte autre nation et elle a eu pour effet d'y disséminer le capital plus que partout ailleurs. Or, c'est là un premier progrès social, dont il convient de déterminer la portée et les limites.

En Angleterre, on compte seulement 200.000 rentiers

sur l'État avec un revenu moyen de 2.850 francs; en France, leur nombre est de 4 millions avec un revenu moyen de 400 francs. Pour un Anglais créancier de son gouvernement, il y a donc 17 Français créanciers du leur. Ce sont, chez nous, les petites gens dont le labeur a amassé les 5 milliards des caisses d'épargne, répartis entre 13 millions de livrets (1). Ce sont les paysans, les ouvriers rangés, les employés, les petits bourgeois qui détiennent la rente et les titres de chemins de fer.

Ainsi, pendant qu'ils acquéraient par leur labeur et leur esprit d'ordre le sol sur lequel ils sont nés, nos agriculteurs trouvaient moyen de faire ces petites épargnes accumulées auxquelles les nations étrangères sont heureuses de recourir. Principal propriétaire du sol français, le paysan français est devenu le « bailleur de fonds des rois ». Les enquêtes fiscales ont abouti à constater que les Français sont en grande majorité possesseurs de leurs habitations. L'Angleterre est une « nation de locataires, » la France est une « nation de propriétaires ». On a donc demandé avec raison où sont, dans notre démocratie, ces signes extérieurs de toutes les vraies et définitives décadences : le ralentissement du travail, l'indifférence du paysan pour le sol, les grandes terres incultes. Nulle part ailleurs il n'existe ni une telle proportion de propriétaires, ni un tel attachement aux biens et à la maison de la famille.

En France, le régime de la propriété et de l'héritage, tel que la Révolution l'a établi, ne pouvait manquer de produire des résultats particuliers et originaux. La loi qui prescrit le partage à peu près égal des héritages entre les enfants a été sans doute une des causes aux-

(1) Il est cependant avéré que, dans les discussions sur le grossissement de la classe moyenne, il faut tenir compte de ce qu'il s'agit des fonctionnaires, officiers publics et privés, etc., mais non d'une classe moyenne économiquement indépendante.

quelles est due l'insuffisance du développement de notre race, qui est notre plus grand péril. Mais, au point de vue de la démocratie sociale, ce partage égal des successions a produit la diffusion, sinon des richesses, au moins du « bien-être à son début ». Il n'y a guère présentement, en France, de grandes fortunes remontant à trois ou quatre générations ; celles qui ont cette ancienneté ne se sont maintenues que par des mariages apportant de nouveaux subsides. En même temps que, par la mort, les grandes propriétés foncières se divisaient, le nombre des petits propriétaires a augmenté sans interruption. On voit même aujourd'hui, dans les campagnes, des parcelles de champ qui sont poussées jusqu'à la dernière limite de la divisibilité. Les collectivistes annoncent la reconstitution de la grande propriété, mais, pour un domaine qui se reconstitue, dix héritages sont morcelés. Les partages produits par le système successoral sont tels, que de 1882 à 1892, par exemple, la moyenne propriété a diminué de 33.000 exploitations, tandis que la petite propriété augmentait de 67.000 exploitations. La moyenne propriété ronge la grande, la petite ronge la moyenne. Le morcellement démocratique (et voilà le revers de la médaille) finit par produire, sur certains points, une sorte de prolétariat rural. Les salariés de ce prolétariat, n'ayant pas une portion du sol suffisante pour les retenir, se laissent fasciner par les salaires des villes, en apparence plus élevés, et surtout par la vie plus agréable dont le service militaire leur a donné l'illusion. Ils émigrent vers les grandes cités, et c'est un des plus mauvais côtés de la situation actuelle. Quant à leur parcelle de propriété, elle passe finalement aux mains de propriétaires qui exploitent eux-mêmes. C'est donc ce dernier mouvement qui finit par l'emporter dans l'ensemble. Les économistes en tirent cette conclusion : — Au lieu d'une féodalité financière exploitant le pays, nous voyons se développer une « démocratie financière ».

Reste à savoir si les économistes aperçoivent bien tous les éléments de la question et font à chacun d'eux sa part légitime. Le développement de la démocratie financière, qui est incontestable, exclut-il l'aristocratie financière, qui peut fort bien subsister en face de la démocratie même ? Les économistes nous semblent trop passer sous silence les faits de « concentration ». — Certaines grandes fortunes financières, peu nombreuses d'ailleurs, ont forcément disparu, mais elles ont été remplacées par des fortunes beaucoup plus grandes (1). Dans la démocratie américaine, sur un vaste territoire où tout était à créer, des hommes hardis et intelligents ont construit le matériel économique de la société nouvelle : moyens de communication, chemins de fer, lignes de paquebots, usines, etc. ; de là, pour eux, d'immenses richesses personnelles. En France, grâce à certains essors d'entreprises industrielles, commerciales, financières, n'a-t-on pas vu se concentrer entre certaines mains d'immenses fortunes, d'origine plus internationale que française, qui ne tarderont pas, prétend-on, à réunir sur trois ou quatre têtes jusqu'à 10 et 20 milliards, alors que la fortune de la France est évaluée à 300 milliards ? Les mathématiciens font remarquer qu'à une table de jeu, dix joueurs possédant chacun 500 francs finissent par perdre tout contre celui qui a 10.000 francs. Le gros joueur peut, en effet, manquer vingt fois un coup de 500 francs, tandis que chacun des autres joueurs ne peut le perdre qu'une fois. L'homme qui possède 5 milliards, ne pouvant dépenser ses revenus, accumule nécessairement, à quelque faible taux qu'il prête, et peut arriver à tenir en échec le crédit public.

(1) V. M. d'Avenel, *Histoire économique de la propriété*, t. I, p. 425

La France est cependant loin encore d'offrir le spectacle que présentent les contrées spécialement industrielles, où les concentrations vont augmentant jusqu'à y produire de vrais monopoles. Dans le commerce, les grands magasins, qui iront en se multipliant, sont un nouvel exemple de concentration. Les petits commerçants établis dans les grandes villes commencent à s'unir et parfois à fonder des sociétés par actions. Le *væ soli* se vérifie partout. Si les économistes ont raison de constater la diffusion des titres de propriété, immobilière ou mobilière, ils ont tort de ne pas déduire du résultat final le déchet causé par la disparition parallèle d'un grand nombre d'artisans, de petits producteurs autonomes, « dévorés chaque jour par la grande industrie ou par le grand commerce ».

On peut donc accorder à l'école de Marx qu'il existe des courants de concentration. Mais la question est de savoir si ces concentrations se font le plus généralement au profit d'*individus*, si elles ne se font pas le plus souvent au profit d'*associations*, et si elles ne se concilient pas finalement avec une dispersion générale des capitaux à travers la masse entière, phénomène dont la généralisation progressive des épargnes de toutes sortes est la preuve frappante. S'il est vrai que, sur bien des points, l'outillage industriel se concentre, cet outillage lui-même appartient souvent à des *sociétés* et se traduit par des titres mobiliers *individuels*. Enfin, nous avons vu que le grand outil, la terre, est bien loin d'être, en France, la propriété de quelques-uns. Il ne faut pas confondre, comme le font les collectivistes, la concentration de la culture avec la concentration de la propriété. Que dix à trente propriétaires, quand l'exploitation demande des procédés perfectionnés, afferment leurs terres à un seul et même fermier, qui cultive un ensemble de 100 à 300 hectares, cette culture concentrée n'en laissera pas moins intacts les droits individuels des propriétaires. Là où la culture concentrée ne s'impose pas, on voit se correspondre assez exactement la petite propriété et la petite culture. Cette situation complexe, mêlée de biens et de maux, est loin de celle qu'imaginent les collectivistes. Les inconvénients et excès que nous avons signalés ne doivent pas faire méconnaître ce qu'il y a de méritoire, en somme, dans l'active production et la distribution généralement équitable des richesses en France. Oui, il y a concentration terrienne sur quelques points ; oui, il y a dispersion exagérée sur d'autres ; mais ce sont là deux phénomènes extrêmes de remous, qui n'empêchent pas le courant général et moyen de diffusion du capital dans la masse.

II

LA BAISSE DE L'INTÉRÊT ET SES EFFETS SUR LA DÉMOCRATIE

Un mouvement social d'importance majeure, qui s'est produit dans le même sens que le précédent, c'est la baisse des revenus et de l'intérêt. L'avilissement des revenus du sol, en dépit de tous les droits protecteurs, continue de s'effectuer sous nos yeux, et à l'excès; la propriété urbaine elle-même diminue de rendement et de valeur. Le prêt ne saurait sans doute, en droit, devenir gratuit : il est le prix d'un service rendu à l'emprunteur, qui ne peut pas exiger ce service; l'intérêt est aussi le dédommagement d'une privation consentie par le prêteur, ainsi que d'un risque couru ; mais, par l'effet des lois économiques, le prêt tend à se rapprocher sans cesse de la gratuité sans l'atteindre. Deux éléments constituent l'intérêt : le loyer du capital, la prime du risque ; or ces deux éléments ont été en décroissant, en France comme ailleurs. La production ayant augmenté sans cesse, l'épargne prélevée sur la production s'est elle-même accrue ; dès lors, la quantité de capitaux offerts sur le marché devenant énorme, la loi de l'offre et de la demande ne pouvait manquer d'abaisser le taux de l'intérêt. Le capital, en s'accroissant sans cesse, se fait de plus en plus concurrence à lui-même ; il restreint ainsi, à vue d'œil, ses profits. La puissance, la rapidité, le bon marché des transports ont rapproché tous les continents, élargi tous les débouchés, produit une concurrence internationale universelle. Dans les grands vases communicants des nations, un certain niveau commun tend à s'établir. Le capital a été mis de plus en plus, comme on l'a dit, « à la portion congrue », puisque sa part diminue dans la répartition au profit de celle du travail. Agissant à la façon des « lois lentes de la nature », la baisse de l'intérêt, disent les économistes, ronge pacifiquement, mais sûrement, les revenus de l'oisif. Les rentiers voient sans cesse diminuer leurs ressources. Déjà le financier Laffitte disait : « Il faut travailler ou se réduire. » Depuis un demi-siècle, le taux de l'intérêt est descendu de 5 et 6 p. 100 à moins de 3 p. 100, soit une diminution de moitié. Il faut aujourd'hui un capital double pour avoir le même revenu que jadis. Et cette baisse du taux de l'intérêt n'est pas un phénomène passager ; elle est réservée à une accentuation quasi constante, jusqu'à ce que la rémunération du capital tombe au minimum compatible avec le maintien de l'épargne et avec ce dessaisissement que l'on appelle le placement.

Trois cent soixante-six milliards de francs ! Tel est le montant des actions et obligations émises dans les différents pays du monde depuis 1871. Ces valeurs mobilières représentent, au contraire, la forme la plus démocratique de la propriété. Tout le monde ne peut pas acheter une ferme, ni une maison, tandis que la petite épargne peut prendre la forme d'une obligation de 100 francs, ou, comme en Angleterre, d'une action de 25 francs. Plus l'industrie se développe, plus on en émet. C'est dans les *douze* dernières années qu'ont été émis plus de la *moitié* de cette masse de titres de toutes sortes.

Voici, pour les dix dernières années (1898-1907) à quelles catégories ils appartiennent :

MONTANT DES ÉMISSIONS PUBLIQUES

(en milliards de francs)

Emprunts d'État, de provinces, de villes	48,1
Établissements de crédit	14,3
Chemins de fer et sociétés industrielles	63,1
Conversions	32,7
	159,2

La France, pays classique de l'épargne, fait pourtant assez modeste figure dans le tableau. Les Français n'utilisent pas eux-mêmes leur argent. La population leur manque ; ils n'ont ni assez de producteurs, ni assez de consommateurs. Force leur est donc de « prêter aux autres leur argent, c'est-à-dire de leur donner des moyens de travail et de richesse ». Au contraire, l'Allemagne présente des chiffres doubles des nôtres. L'Angleterre, des chiffres encore plus élevés ; les États-Unis, des chiffres encore plus forts. Qu'est devenue cette énorme masse d'argent prêté ? Dans quelle mesure l'espoir des déposants s'est-il réalisé ? Aucune statistique ne nous éclaire complètement sur ce sujet. Voici pourtant quelques chiffres publiés par M. J. Bertillon et qui concernent la Bourse de Paris :

VALEURS COTÉES A LA BOURSE DE PARIS

(en millions de francs)

Rentes françaises et obligations du Trésor	26,164	24,915	— 1,249
Autres valeurs françaises.	33,383	39,763	— 6,080
Valeurs étrangères.	73,595	67,773	— 5,822
Totaux	133,442	132,451	— 901

Ainsi, dans son ensemble, cet énorme capital de
133 milliards qui circule à la Bourse de Paris est de un
milliard au-dessous du pair ! Voilà ce que recèle ce
temple de la richesse ! La prétendue « féodalité financière », loin de s'enrichir, aurait donc perdu une partie de son avoir. Et encore, selon la remarque de
M. Bertillon, cette statistique ne nous renseigne que
sur les valeurs *actuellement* cotées à la Bourse. Elle ne
nous dit rien de toutes celles qui ont péri. Malgré cette
grave lacune, les chiffres qui précèdent montrent combien les placements mobiliers sont souvent aléatoires
et peu rémunérateurs, quelques-uns excellents et la plupart médiocres.

Parmi les causes qui produisent la baisse de l'intérêt, il faut compter les exigences croissantes des travailleurs. Ces exigences résultent : 1° de ce que leurs
besoins mêmes augmentent ; 2° de ce qu'ils acquièrent
la conscience de leur force, de leur pouvoir économique
et politique. L'accroissement simultané des besoins,
des pouvoirs de les satisfaire et des prétentions à une
satisfaction effective, est un résultat du progrès de la
liberté et de l'égalité dans les démocraties. Plus d'égalité de *droits* entraîne une tendance à plus d'égalité de
conditions ; plus de liberté permet de conquérir par
toutes les voies cette égalité. Les travailleurs exigent
donc, dans le produit du travail, une part croissante,

qui diminue d'autant la part du capitaliste, c'est-à-dire l'intérêt (1). Tandis que, de 1844 à 1894, le taux des salaires s'élève de 80 p. 100, c'est-à-dire d'un cinquième, le capital assimilé annuellement triple et passe de 1.748.600.000 francs à 5.749.900.000, ainsi que le prouve la statistique des droits de succession (2). D'un côté, donc, la part du travail dans le produit total augmente, quoique dans des proportions encore insuffisantes, ce qui ne peut pas ne pas contribuer à la baisse de l'intérêt. D'autre part, il y a accumulation de capital, dans des proportions supérieures à l'accumulation du salaire. Ce surplus est motivé en partie par les risques du capital et par l'augmentation de sa productivité ; mais il résulte aussi, en grande partie, d'une situation encore trop privilégiée. En définitive, la part du travail et celle du capital dans le produit du travail sont, de nos jours, moins éloignées l'une de l'autre qu'autrefois, quoique l'une soit encore supérieure à l'autre de près de moitié. L'accumulation du capital confirmerait les idées de Marx si elle avait toujours lieu *dans les mêmes mains*, mais c'est ce qui n'existe pas.

Reste à apprécier si le phénomène progressif de la baisse d'intérêt ne mêle point des maux aux biens qu'il entraîne. Quand les œuvres maîtresses de la civilisation sont accomplies, disent les économistes, tout nouvel accroissement de capital a des chances d'être moins productif que les précédents emplois ; on est donc obligé de passer à des entreprises de second et de troisième ordre, moins lucratives, que la baisse de l'intérêt permet seule d'aborder : tel chemin de fer secondaire, tel canal, etc. (3). Sous ce rapport, la baisse est un phénomène favorable. Toutefois, ici encore, les écono-

(1) Voir sur le point l'étude de M. Élie Halévy sur la distribution des richesses dans la *Revue de métaphysique et de morale* (juillet 1906).
(2) Paul Leroy-Beaulieu, *Traité d'économie politique*, t. IV, p. 135.
(3) Voir Dubief, *A travers la législation du travail*.

mistes ne voient-ils point trop un seul côté des choses ? Leur optimisme doit être tempéré par la considération de la crise qui sévit depuis trente ans, de la « dépression économique », qui se traduit par un fait non moins général que l'autre : la baisse des prix. Cette baisse a contracté et ralenti le commerce international ; elle a contracté aussi les échanges à l'intérieur, arrêté les entreprises nouvelles qui, depuis 1850, allaient se multipliant par des appels réitérés au crédit public et par la formation des sociétés financières et industrielles. Quand « les affaires ne vont pas », il est clair que les capitaux inoccupés abondent et que les revenus diminuent, mais il n'y a pas là de quoi se féliciter sans mélange, comme de la naissance d'un ordre de choses meilleur en tout.

Il faut ajouter que la diminution du revenu des obligations et actions ne correspond pas toujours à des pertes exactement parallèles chez les capitalistes, parce que ceux-ci trouvent moyen de rejeter sur la classe moyenne les conséquences des diminutions subites de revenu. L'abaissement des profits et des rentes pour la généralité peut donc ne pas empêcher certains financiers d'arrondir toujours, quoique moins rapidement, le capital par eux emmagasiné.

Nous aboutissons ainsi de nouveau à cette conclusion que, s'il y a progrès général, ce n'est pas sans des mouvements contraires, qui maintiennent en partie l'état encore chaotique de la société présente.

III

LA HAUSSE DES SALAIRES

Après avoir considéré les capitalistes, considérons

les travailleurs. La baisse constante des prix, par la contraction des échanges et la dépression qu'elle fait subir à la production, tend à faire baisser les salaires. C'est là un autre de ses mauvais résultats. Toutefois, il y a un minimum de subsistance au-dessous duquel le salaire ne peut décroître et qui n'est pas aussi élastique que le minimum du profit et de la rente. Alors que rente et profit peuvent tomber à zéro, la diminution du salaire, fort heureusement, ne peut aller jusqu'à compromettre en moyenne la vie même de l'ouvrier. En outre, dans le siècle précédent, l'ouvrier ayant atteint un genre de vie meilleur, avec des besoins nouveaux, sa légitime résistance à l'avilissement des salaires est aujourd'hui plus grande et plus efficace. L'action des syndicats devient ici de plus en plus manifeste. De ces diverses causes provient ce fait heureux, que les salaires ne diminuent pas autant que les profits ou les revenus. C'est là un avantage et un élément de progrès pour la classe ouvrière, qui se trouve ainsi monter, quoique trop lentement, pendant que les autres descendent et que les revenus des capitalistes s'abaissent.

Ajoutons que, en somme, la science est libératrice : elle travaille pour tous. Nous n'en sommes plus au temps où Proudhon assimilait les machines et tous les instruments artificiels produits par la science à un « fléau chronique, permanent, indélébile, qui tantôt apparaît sous la forme de Gutenberg, tantôt se nomme Jacquard, Watt ou Jouffroy » ! L'effet des machines a été d'augmenter ce que les économistes appellent le « rendement de l'effort humain », c'est-à-dire sa puissance productive et son utilité par l'utilisation simultanée des forces de la nature. Or, malgré les inconvénients de la première heure, il en est résulté deux effets heureux : 1° abaissement du prix de produit, devenu accessible à un plus grand nombre de consom-

mateurs et aux travailleurs eux-mêmes ; 2° accroissement du taux des salaires. En effet, cet accroissement
augmente d'autant moins le prix de revient du produit
que l'effet *utile* de la main-d'œuvre et sa puissance pro-
ductrice augmentent eux-mêmes davantage, grâce au
concours croissant des forces naturelles. L'industrie a
donc pu rémunérer mieux la main-d'œuvre, à mesure
que celle-ci, alliée à la science et à la nature, que conquiert la science, parvenait à produire davantage. En
fait, les salaires sont allés en augmentant, et l'industrie,
grâce aux machines, a pu supporter cette hausse des
salaires ; avec l'outillage rudimentaire du passé, c'eût
été pour elle la ruine.

Si le progrès de l'industrie s'est montré, en définitive, favorable au progrès des ouvriers, ce dernier, à
son tour, se montre de plus en plus favorable au progrès de l'industrie. Plus l'ouvrier a de valeur personnelle, à la fois physique et morale, plus il peut réserver d'énergie, pour employer cette énergie à son propre
développement matériel et intellectuel ; plus il devient
productif et moins il devient coûteux pour l'industrie
même, qui, nous l'avons vu, peut augmenter son salaire
sans voir baisser ses profits. A la conférence de Berlin,
le délégué français, M. V. Delahaye, a montré ce fait
par des chiffres, et M. Schulze-Gæwernitz en a donné
de nombreux exemples. La loi posée par cet éminent
esprit est la suivante : « La qualité de l'ouvrier devient
essentielle, la question du salaire perd de son importance pour l'industrie. Par exemple, en Amérique, grâce
à un outillage merveilleux, une fabrique de 420 ouvriers
produit 1.500 montres par jour. Or, le salaire de ces
ouvriers est le quadruple de celui de l'ouvrier de la
Forêt-Noire, qui fabrique chez lui toute la montre ;
pourtant les frais de fabrication sont moindres aux
États-Unis et la montre américaine coûte moins. Et

tandis que, dans la Forêt-Noire, la plus petite fluctuation du salaire trouble toute l'industrie, aux États-Unis, sur un chiffre si colossal de montres, une augmentation de salaire de 1 dollar ne produit pas d'effet sensible. Autre exemple : l'ouvrier agricole russe n'a guère de besoins et travaille seize à dix-sept heures ; l'Anglais, qui se nourrit fort bien, travaille dix heures et fait deux fois plus de besogne. Actuellement, dans la construction du chemin de fer du Congo, le nègre, qui n'a presque pas de besoins et se contente comme salaire de colifichets, est un ouvrier qui coûte fort cher. L'ouvrier filateur de l'Inde ne demande qu'un peu de riz ; mais, dès qu'il a sa pitance, il chôme, et la main-d'œuvre est horriblement coûteuse. » Déjà Stuart-Mill avait remarqué que le faucheur du Middlesex fauche, en un jour, autant que trois faucheurs russes, et que le fermier anglais, pour faucher la même portion de prairie, paye seulement 10 centimes là où le propriétaire russe en paie 50.

Cependant, ici encore, le bien et le mal se mêlent. Si une ouvrière de filature fait aujourd'hui, grâce au concours des machines, la besogne de plusieurs milliers de fileuses armées d'une quenouille et d'un fuseau ; si l'appareil Northrop permet à un seul ouvrier de mener dix, seize, vingt-quatre métiers à tisser, on peut et on doit regretter l'extension du séjour dans les manufactures, avec tous ses inconvénients physiques et moraux. Mais enfin, au point de vue des salaires, que résulte-t-il de cet énorme accroissement dans la productivité du travail ? C'est encore que les salaires s'élèvent d'autant plus que la part de cette augmentation devient peu de chose eu égard au machinisme. Aussi les salaires les plus bas se trouvent-ils dans les industries les moins avancées sous le rapport mécanique, telles que la confection ; et les salaires les plus élevés se rencontrent dans les pays où l'outillage industriel est le plus parfait, comme les États-Unis (1).

Dans son bel ouvrage : *la Dépression économique et sociale et la baisse des Prix* (1895), M. Hector Denis démontre, par de patientes recherches, qu'il y a bien, de nos jours, amélioration du salaire, non pas nominal, mais *réel*, ainsi que du pouvoir d'achat qu'il entraîne et qui a augmenté de 42 p. 100. Pour l'ensemble des ouvriers, le salaire moyen, qui était de 2 fr. 07 en 1845, est de 3 fr. 90 en 1893. Pour l'ensemble des ouvrières, la moyenne des salaires a passé de 1 fr. 02 à 2 fr. 15. Ainsi, le salaire des ouvriers a presque doublé et le salaire des femmes a plus que doublé. M. Neymarck a montré que, dans les grandes compagnies minières, comme celle d'Anzin, Lens, Liège, etc., les sommes payées en salaires aux mineurs sont quatre fois plus élevées que le montant des dividendes payés aux actionnaires. Sur 100 francs de produits nets, la part du travail s'élève à 75 et 80 ; la part du capital est descendue à 25 et 20 francs. Il est impossible que le pouvoir d'achat n'augmente pas en faveur de salaires qui augmentent.

Ce n'est pas tout. A mesure que la rémunération du travail devenait plus abondante, la durée de ce même travail diminuait. Il y a cinquante ans, la journée de travail, dans les usines, dans les manufactures et la plupart des ateliers, était au minimum de douze heures, les journées de treize et même quatorze heures n'étaient pas rares. Aujourd'hui, il est assez difficile d'établir une moyenne, parce que la durée effective de la journée de travail varie suivant les régions et suivant l'époque de l'année : néanmoins la longueur de la journée réelle de travail a été évaluée par les économistes à dix heures

______

(1) Voir la *Théorie du Salaire et l'Ouvrier américain*, par M. Levasseur.

et demie, et les deux tiers des journées sont de dix à douze heures. La durée la moins longue s'observe dans les mines, où elle ne dépasse pas huit heures, et la plus longue dans le groupe des industries textiles, surtout dans les petits ateliers.

— Qu'importe, dira-t-on, que les salaires augmentent, si la vie devient plus chère ? — C'est là encore, en effet, un des mauvais côtés de la situation. Mais les statisticiens répondent que la hausse des salaires dépasse de beaucoup celle des denrées et des vêtements, et que la condition matérielle des travailleurs s'améliore. La surface des terres cultivées s'est élevée de 4 millions d'hectares à 7 millions et le rendement total a plus que doublé; la consommation en pain s'est élevée de 2 hectolitres à 3 par tête d'habitant. Historiens et économistes (1) font observer que, sous l'Empire et sous la Restauration, le premier mérite d'un préfet était de pourvoir aux subsistances, non seulement aux époques de trouble, mais au cours des hivers ordinaires ; on sait l'énorme mortalité en temps de disette. Aujourd'hui les approvisionnements sont réguliers ; non seulement la quantité, mais la qualité des aliments s'est accrue ; la moyenne de la consommation de viande pour toute la France a doublé depuis 1812 et triplé à Paris. Inutile d'insister sur l'évidente amélioration des vêtements et des logements ; non seulement les maisons sont beaucoup plus nombreuses, mais elles sont plus divisées, sinon mieux, et plus aérées : le nombre de fenêtres a augmenté dans la proportion de 5 à 7. Les sociétés d'habitations ouvrières se sont multipliées, notamment à Lyon, où l'on a construit 1.000 logements sains dans 100 maisons, à Paris (500 logements), à Rouen (100 logements). De 1840 à

____

(1) Voir M. Levasseur, *la Population*.

1990, d'après les statisticiens, le prix des marchandises a baissé de 40 p. 100 tandis que les salaires ont augmenté de 55 p. 100. Il est difficile, en présence de ces chiffres, de soutenir la loi d'airain.

Les économistes, il est vrai, se contentent trop de comparer la classe des travailleurs avec elle-même à des époques différentes. Il faut aussi la comparer aux autres classes, pour savoir si l'égalité est allée croissant entre elles. Le calcul des ressources matérielles n'est pas tout : il faut tenir compte du *moral*, qui joue le principal rôle dans le bonheur. Tout est comparatif et relatif dans la société humaine comme ailleurs. Lassalle allait jusqu'à dire qu'on doit mesurer la condition d'une classe non point par rapport aux troglodytes de l'âge de pierre, mais par rapport à ses compagnons d'humanité. Là est effectivement le point faible de l'optimisme économiste. Il est probable qu'aujourd'hui, plus que jamais, le pauvre souffre de la richesse du riche. Mais, d'autre part, jamais le riche n'a tant souffert de la misère du pauvre ; jamais il ne s'en est préoccupé comme de nos jours, jamais il n'a tant cherché de remèdes. Malgré les réserves que nous venons de faire, on peut soutenir que la distance devient moins énorme entre les capitalistes et les travailleurs. MM. Léone Levi et Giffen ont montré pour l'Angleterre que le revenu moyen des classes ouvrières s'était, de 1851 à 1881, augmenté de 59 p. 100, tandis que celui des classes moyennes ne s'élevait que de 37 p. 100, et que celui des classes aisées s'abaissait de 30 p. 100. M. Harzé, pour la Belgique, a fait voir que, dans l'espace de trente-quatre ans, la part proportionnelle de l'exploitant par rapport à l'ouvrier est tombée de 18,3 à 7,36 p. 100, c'est-à-dire qu'elle a diminué de plus de moitié, tandis que la part de l'ouvrier était plus que doublée.

D'autres considérations montrent que l'amélioration

du sort des travailleurs est réelle. Il y a cinquante ans, alors que l'industrie sortait à peine de « la période chaotique, » les institutions patronales n'existaient pas ; l'ouvrier devait se contenter de son « salaire argent » sans autres avantages accessoires. Aujourd'hui, dans toutes les grandes industries de transport, de mines, de métallurgie, de produits chimiques, dans beaucoup de filatures et de tissages mécaniques, les ouvriers reçoivent gratuitement des secours en cas de maladie et ils bénéficient d'une pension de retraite, sans parler d'autres avantages accessoires tels que chauffage gratuit, logements à bon marché, économats, etc. Il est assez difficile d'apprécier rigoureusement pour combien ces avantages entrent dans l'augmentation du bien-être ; mais il est manifeste que cette augmentation est très appréciable. Les économistes rappellent aussi les établissements où la participation aux bénéfices est appliquée ; mais l'expérience, quoique ayant donné d'excellents résultats, n'a pas été assez généralisée pour qu'elle puisse entrer en ligne de compte dans l'amélioration générale du sort des ouvriers.

Devant ces faits, que penser des deux prétendues lois fondamentales du collectivisme : « Les riches deviennent toujours plus riches, les pauvres toujours plus pauvres ? » Nous avons sous les yeux leur réfutation vivante et mouvante.

Dans une société démocratique, les inégalités tendent à diminuer, y compris celle des salaires. Chacun nécessairement ayant le sentiment d'une égale liberté pour tous, a aussi le sentiment d'une dignité croissante ; cette dignité ou valeur personnelle subsiste au sein même des différences d'aptitudes intellectuelles ou physiques entre travailleurs. Chacun comprend que le mérite plus grand, que la science plus grande obtienne une rémunération supérieure ; mais cette supériorité de rémunération va diminuant à mesure que, dans les démocraties, les conditions et les besoins marchent vers l'égalité. M. Elie Halévy a excellemment montré la survivance, dans notre démocratie, du sentiment aristocratique chez les uns et du respect pour l'aristocratie chez les autres (1). Renan dit que le paysan du moyen âge, à l'abri du château seigneurial, jouissait dans la personne de son seigneur. Il subsiste quelque chose du sentiment aristocratique jusque dans les démocraties. Seulement, à l'aristocratie artificielle se substitue peu à peu l'aristocratie naturelle. Il est bon alors que le respect de cette aristocratie augmente. Par malheur, nous avons vu comment le faux égalitarisme tend à le diminuer, à rendre intolérables même les supériorités de l'intelligence et du travail.

IV

LES ASSOCIATIONS. COOPÉRATIVES ET SYNDICATS

Si certaines concentrations capitalistes, au dernier siècle, ont pu se produire et se montrer injustes, c'est qu'elles n'avaient encore devant elles que de la poussière d'hommes. Mais les unions anglaises de travailleurs, par leur cohésion et leur discipline, ont réussi à faire fléchir les grands entrepreneurs d'industrie. Les *Chevaliers du travail*, dans le Nouveau Monde, ont également entrepris la « rédemption économique » des travailleurs. Au régime de la guerre plus ou moins latente peut succéder un régime de paix. Le but doit être de faire acquérir progressivement les instruments de travail par les associations ouvrières elles-mêmes.

(1) *Revue de métaphysique et de morale*, juillet 1906.

La F·ance serait-elle ici, comme on l'a prétendu, particulièrement rebelle au progrès ? Que de théories, de paradoxes et de lieux communs n'a-t-on pas énoncés à propos du développement plus ou moins grand chez les divers peuples de l'esprit d'association ! On a soutenu que cet esprit est très médiocre en France par l'effet de je ne sais quelle fatalité de race. Nous serions trop individualistes selon les uns, pas assez selon les autres. Les étrangers nous demandent avec ironie comment le peuple qui se dit le plus sociable a si peu la pratique des sociétés et associations. Ils nous opposent les nombreuses sociétés des pays anglo-saxons, où l'on voit des gens se réunir même pour commenter Browning ou Tennyson : les Anglais *individualistes* seraient-ils donc plus *sociables* que les Français ?

Non, mais l'excès même de sociabilité n'est pas toujours une bonne condition mentale pour le développement des associations particulières. L'esprit français, — comme l'esprit romain, qui a exercé sur lui une triple influence, par la religion, par le droit, par la littérature, — a une aspiration à l'universel ; quand il énonce des principes généraux il les applique à l'humanité entière. Quand, au contraire, il est individualiste, il l'est pour lui-même et radicalement, sans s'arrêter aussi volontiers que d'autres nations à des groupes particuliers, à des associations particulières : celles-ci n'offrent à ses yeux ni l'universalité dont il est épris, ni la liberté personnelle et même individuelle dont il est également épris, surtout aux heures de résistance. C'est ce qui fait qu'un esprit trop rationaliste, joint à une sociabilité trop universelle et trop indéterminée, a médiocrement favorisé, de nos jours, le développement des associations, qui, en outre, impliquent des intérêts communs à un groupe et, par cela même, une préoccupation utilitaire.

M. de Boyve, qui est à la tête des deux grandes associations nîmoises, a cherché dans le caractère même du Français les principales raisons pour lesquelles il est si en retard sur l'Anglais dans l'œuvre de la coopération (1). Il nous montre l'Anglais froid, tenace, prêt à tous les sacrifices, ne se laissant pas influencer par le *qu'en dira-t-on*, disposé à admettre les supériorités et sachant s'en servir, fier de celle de son pays, qu'il surfait volontiers, respectueux de la religion, patriote à l'excès, entreprenant, poussant le souci de l'intérêt national jusqu'à devenir égoïste, faux, insupportable quand cet intérêt est en jeu, bien qu'il se montre individuellement ennemi du mensonge. En regard, M. de Boyve nous peint le Français léger, spirituel, impétueux, toujours préoccupé de l'opinion d'autrui et cherchant ce qui peut le faire briller, très égalitaire, n'aimant aucune supériorité, pas même celle de son pays, qu'il dénigre souvent; ayant pour idéal la subordination et la quiétude de la vie dans l'irresponsabilité, en appelant toujours au gouvernement pour tout ce qui touche à ses intérêts; railleur et frondeur à l'égard des choses religieuses; chevaleresque, d'ailleurs, et prêt à se sacrifier pour toutes les nobles causes, sans calculer ce qui pourra en résulter pour lui-même, mais aussi trop prompt à brûler un jour ce qu'il aura adoré la veille; enfin, désintéressé en politique et très sensible à l'injustice des nations et des gouvernements qui abusent de sa loyauté. Transportez dans les associations ces esprits différents de l'Anglais et du Français; il est clair que les divisions politiques et religieuses, en France, entraîneront la difficulté de se grouper, que

____

(1) Un délégué anglais au Congrès ouvrier de Lausanne disait avec ironie : « Toutes les fois qu'il s'agit de voter des motions générales, les délégués français ont toujours la main levée en l'air ; mais, toutes les fois qu'il s'agit de réaliser ces motions par des cotisations particulières, ils ne peuvent abaisser leur main jusqu'à leur poche. »

l'esprit de dénigrement empêchera la discipline, que l'ouvrier ne se souciera pas d'être gouverné par ses pairs ; il refusera d'abandonner son indépendance et son argent pour une association qui est tout près de lui et soumise à sa critique, alors qu'il s'adapte volontiers à la grande et lointaine association de l'État, dont il s'exagère les infaillibles vertus. Docile aux injonctions d'un employé d'administration, dit M. Gide, il n'acceptera pas d'être gouverné par son camarade. Aux socialistes, la coopération paraît « trop bourgeoise, » aux libéraux trop socialiste. Chaque parti ne veut consentir qu'à la pleine satisfaction de ses vœux et à la pleine réalisation de ses théories. En attendant, il laisse flotter son drapeau et l'élève le plus haut qu'il peut dans les airs pour que tout le monde l'admire. Et il est content. « La coopération, disait amèrement Blanqui, est venue en aide à l'ennemi et s'est mise à démolir la Révolution en remplaçant un drapeau par le *Doit et Avoir*. Depuis 1789, l'idée seule est la force et le salut des prolétaires. Ils lui ont dû toutes leurs victoires... Que le peuple ne sorte pas de l'idée pour se jeter dans la spéculation. La spéculation, c'est la voie de l'iniquité et des exploiteurs, ce n'est pas la sienne, il y périrait. » Ainsi, sous prétexte d'*idée*, on refuse les réformes pratiques et on demande la révolution. Grâce à cet esprit « radical » et « intransigeant, » nos ouvriers français ont pour adage : *tout ou rien*. Ils seront partisans d'un collectivisme qui, en le supposant réalisable, ne pourrait être réalisé que dans quelque deux cents ans, et ils refuseront les réformes à la portée de leur main, comme l'association coopérative, qui leur paraît une « demi-mesure ». Aussi M. Jules Guesde, au congrès de Marseille, en 1879, n'eut-il pas de peine à faire voter la motion suivante : « Considérant que les sociétés de production et de consommation, ne pou-

vant améliorer le sort que d'un petit nombre de privilé-
giés, etc. »

Remarquons-le cependant : la tendance à la fois trop
universaliste et trop individualiste des Français ne s'est
guère manifestée que depuis un siècle ou deux. Au
moyen âge, pendant la belle période, de tous les peuples de l'Europe, ce fut précisément la France qui pos-
séda les associations ouvrières coopératives les plus
nombreuses et les plus importantes. Seulement, dans
la suite, nulle part la royauté et les classes bourgeoises
n'ont eu autant d'influence, nulle part le principe de
l'association chez les travailleurs n'a plus souffert. Ce
principe y aurait peut-être disparu, sans la résistance
des sociétés de compagnonnage. Dans les États germaniques et anglo-saxons, où le pouvoir central avait été
moins fort et où, de plus, les ghildes avaient eu plus
d'importance, les associations ouvrières se maintinrent
mieux et plus longtemps. En Italie, les associations
ont eu un grand rôle, et tout récemment encore, à
partir de 1880, elles ont pris un développement
énorme, jusqu'à devenir par leur fédération une des
causes des dernières révoltes en Italie. On prétendait
pourtant que l'Italien était individualiste, et, disait
M. Garofalo, « impropre à l'association » ! Il faut se dé-
fier de toutes ces généralisations arbitraires et ne pas
attribuer à la France plus qu'à l'Italie une sorte d'inap-
titude foncière à s'associer. Les lois, les mœurs, la
politique, l'histoire même et les traditions ont joué en
tout cela le plus grand rôle. Si la liberté d'association
a été entravée en France par tout un arsenal de lois
dues à la Révolution et à l'Empire, si le droit public
est resté hostile au principe d'association, ce fait tient
encore moins au caractère même de la nation qu'aux
événements historiques et à la situation de la France,
qui l'obligeait à un gouvernement fort, très centralisé,

alors que l'Angleterre, dans son île, pouvait laisser champ libre aux individus et aux associations. Enfin le petit commerce, qui a en France un développement aussi considérable qu'il est faible en Italie, fait obstacle par son hostilité au développement des associations.

Au reste, quoique inférieur encore à celui de l'Allemagne et de l'Italie, le mouvement des sociétés coopératives s'est cependant accentué en France. Nos 1.200 sociétés de consommation comprennent un nombre considérable d'adhérents. Nos coopératives de crédit, encore trop peu nombreuses, comprennent 26 banques populaires et 126 caisses agricoles. Mais les sociétés de consommation, même les mieux organisées, ne sont qu'au début de leur haute mission sociale. Leur vraie fin ne doit pas être seulement de vendre du café et du sucre le meilleur marché possible et de partager ensuite les bénéfices. A mesure que les consommateurs associés comprendront qu'une force économique considérable réside en leur faculté d'achat, à mesure qu'ils concentreront mieux cette force, la société de consommation se changera plus vite et plus sûrement en société de production et, par cela même, mettra un terme à l'enrichissement de quelques-uns au préjudice de tous. Là est l'avenir (1).

Les œuvres de solidarité ont subi une évolution digne d'intérêt au dix-neuvième siècle. L'association des capitaux, la société anonyme ou par actions a été le premier et dominant phénomène des deux premiers tiers de ce siècle, en France comme ailleurs. Nous lui avons dû un développement extraordinaire de l'industrie et de la richesse, mais elle a favorisé outre mesure l'esprit de spéculation et on lui reproche avec raison de

(1) Voir *Die schweizerischen Consumgenossenschaften,* par le docteur Hans Muller. Bâle, 1896. Édité par la *Fédération des Sociétés de Consommation.*

n'avoir rien fait pour développer moralement la personne de l'associé, quantité négligeable qui s'effaçait alors devant le capital (1). Un fait nouveau marque le dernier tiers du dix-neuvième siècle : c'est l'avènement du second type économique de l'association, celle des personnes unies par contrat. La machine même, après avoir mis la personnalité de l'ouvrier en servage, tend aujourd'hui à son émancipation. En effet, la machine a groupé d'abord les ouvriers dans l'obéissance mécanique et quelque peu servile ; mais, aujourd'hui, elle les groupe dans l'action collective et libre ; les usines sont devenues les éléments et comme les cités d'une nation ouvrière qui se développe au sein de la grande nation.

La loi a autorisé les syndicats professionnels, œuvres contractuelles, en exigeant (par une restriction nécessaire et malheureusement trop négligée) qu'ils se renferment dans leurs attributions propres. La fâcheuse tendance des syndicats ouvriers, qui commence à se montrer même en Angleterre, c'est de retourner aux principes des corporations fermées, en limitant le nombre des ouvriers d'un même métier. Chez nous, les syndicats manifestent encore bien plus cette tendance au privilège ; elle les mène à des abus de force ou de pouvoir analogues à ceux qu'ils reprochent aux coalitions de capitaux, mais bien plus violents et bien plus nuisibles. Nos syndicats n'ont pas gardé le caractère professionnel : ils ont voulu devenir les organes attitrés et officiels des ouvriers dans les domaines les plus divers. On les a trouvés partout, et presque toujours en dehors de leur rôle. Ils ont cédé à une double tentation : imposer leur tyrannie à tous les ouvriers, s'imposer eux-mêmes aux pouvoirs publics comme les re-

____

(1) Voyez Ad. Prins, *l'Organisation de la liberté.*

présentants exclusifs du monde des travailleurs. En France, les chefs des syndicats ouvriers font beaucoup plus de politique qu'ils ne travaillent. En Angleterre, le principe proclamé par les chefs de l'armée ouvrière est le suivant : « Ne vous inquiétez jamais de ce que vous ne pouvez atteindre et ne vous troublez pas de ce que vous ne pouvez éviter (1). » Voilà qui est anglais. Nos ouvriers, eux, semblent avoir adopté la devise : « Réclamez toujours l'impossible et ne vous résignez jamais à l'inévitable. »

Cependant, les économistes en conviennent, pour dix syndicats plus ou moins illégalement constitués, qui sont dangereux, qui exercent un vrai despotisme, qu'il est urgent de surveiller et de contenir en appliquant les dispositions légales, il y en a cent conformes à la loi, qui rendent les plus grands services. Nous avons en France près de 6.000 syndicats : 1.818 syndicats patronaux, 2.378 syndicats ouvriers, et 1.800 syndicats agricoles. Les syndicats d'agriculteurs ont eu une brillante carrière depuis la loi de 1884. Si l'on veut savoir à quels besoins ils répondent, il suffira de rappeler qu'ils fournissent, directement ou par les sociétés coopératives auxquelles ils sont affiliés, le fumier, les engrais, les semences de choix et les insecticides. Ils mettent à la portée des ruraux, par l'enseignement mutuel, les éléments de la pratique agricole ; ils livrent à peu de frais, parfois gratuitement, l'outillage le plus nouveau et le plus perfectionné. C'est grâce à eux et aux associations coopératives de crédit qu'on a pu reconstituer les vignobles détruits par le phylloxera.

La richesse même et la force des associations de travailleurs finiront par devenir plutôt des garanties de

(1) *Le Trade-Unionisme en Angleterre*, par MM. Paul de Rousiers, de Carbonnel, etc. Un vol. in-12 de la *Bibliothèque du Musée social*. Paris, 1897.

modération. En Angleterre, avant de risquer de perdre leurs réserves, les associations pèsent avec soin les chances de succès et ne se risquent pas à la légère. Si, en France, les syndicats entraînent aujourd'hui de grands abus, c'est, en partie, qu'ils ne sont pas encore aussi puissamment organisés qu'en Angleterre; leur infériorité numérique fait aussi leur infériorité morale en les livrant aux meneurs, aux jeunes exaltés, aux « avancés ». A mesure qu'ils deviendront plus forts et plus larges, ils verront la minorité violente se noyer dans la masse; les résolutions qui engagent tous les membres d'un même corps d'état seront prises avec plus de réflexion et plus de maturité. En outre, la puissance même de ces associations, par la crainte inspirée aux patrons, dispensera les ouvriers de recourir à la grève. M. Gide a justement comparé l'armement des travailleurs, paix armée entre le capital et le travail, au développement énorme de l'organisation militaire, qui, en attendant un régime meilleur, maintient entre les peuples une paix internationale, précaire sans doute, mais constituant néanmoins un progrès. Voilà bientôt quarante ans qu'il n'y a pas eu de guerre en Europe, tant on craint les désastres universels que déchaînerait une rupture, sur un point quelconque, de cet équilibre si chèrement maintenu. On peut espérer que les syndicats acquerront la sagesse avec la force.

Mais il faut craindre aussi et réfréner les abus de la force ; on peut voir un jour se produire une *fédération des syndicats,* un gouvernement dans le gouvernement, sans charges et sans responsabilité, dictant des ordres à huit millions d'ouvriers, de manœuvres et de paysans arrêtant le travail suivant ses caprices. Les ouvriers comprennent-ils que les membres de cette grande fédération seraient nommés, non pas au suffrage universel, mais par un suffrage à deux ou trois degrés, et le plus souvent par une infime minorité d'électeurs ? Croient-ils que les élus auraient la capacité de gouverner au gré de tous les corps d'état ? C'est de ce côté que la société doit se défendre. Les lois actuelles sur les syndicats en assurent l'irresponsabilité presque complète, leur permettent de se changer en sociétés secrètes, leur confèrent une existence et une propriété perpétuelle, qui, sous le rapport mobilier, peut être indéfinie. Il y a là des dangers qui appellent l'attention du législateur.

Dans la période inorganique que nous traversons, les grèves ont été un moyen de lutte inévitable. Il ne faut pas voir seulement le côté intéressé et violent des grèves, il en faut reconnaître aussi le côté désintéressé. En France surtout, pour une idée politique, pour un simple « principe, » on a vu d'immenses grèves se produire et s'éterniser. Au prix de quels sacrifices ! Et que ne ferait pas, au service d'une meilleure cause, cet esprit d'abnégation ?

La loi qui organise la conciliation et l'arbitrage est le complément de la loi sur les syndicats et sur les grèves. La loi sur l'arbitrage n'a cependant pas donné chez nous les résultats qu'on en attendait; non, comme le disent les socialistes, parce que l'arbitrage n'est point obligatoire, mais parce qu'il ne constitue pas, à l'exemple de l'Angleterre, un tribunal permanent, toujours prêt, toujours actif. En outre, l'esprit d'indiscipline, fréquent chez le Français et augmenté encore par une éducation incomplète, fait que tantôt les patrons, tantôt les ouvriers (comme à Carmaux), après avoir demandé des arbitres, refusent de se soumettre à leur décision. Dès lors, à quoi bon l'arbitrage ? Il n'en est pas moins certain que, par le progrès de l'esprit public, l'arbitrage deviendra plus fréquent et plus efficace (1).

(1) Voir *le Trade-Unioniste, Ibid.*

Mais les coalitions et les conciliations ne sont que des palliatifs. Sous un tel régime subsiste encore la lutte de tous contre tous, avec un reste de chaos économique. Au travail inorganisé et désordonné doit donc, sous une forme ou sous une autre, succéder l'organisation rationnelle ; au pur individualisme, l'association. M. Otto Gierke (1) et M. Ad. Prins (2) ont parfaitement montré que la corporation du moyen âge, entreprenant de garantir à l'associé tout l'ensemble de sa personnalité, aboutissait à l'absorber et à l'enchaîner. De plus, elle le parquait dans des groupes entre lesquels étaient des démarcations tranchées ; elle arrivait donc à constituer des ordres et des privilèges. Au contraire, l'association actuelle, du moins quand elle est bien entendue, n'absorbe plus la totalité de la personne : elle ne garantit à l'individu qu'un résultat déterminé et particulier ; par cela même, « la spécialisation du but entraîne la spécialisation du sacrifice que chacun doit à son groupe ». Le citoyen n'est pas obligé à un choix exclusif ; il peut être membre de plusieurs associations à la fois, dont aucune ne confisque ou ne devrait confisquer son indépendance. Même quand les associations réunissent en un seul ensemble divers objets spéciaux, même quand elles absorbent l'activité matérielle des associés, elles n'absorbent pas leur personnalité juridique, qui n'y est jamais épuisée. Les groupements modernes, n'enveloppant plus les individualités, mais protégeant les intérêts, peuvent devenir compatibles avec la liberté, à la condition que l'on défende les individus contre tout *compelle intrare*, que la porte de sortie leur reste toujours ouverte et que leurs mises pécuniaires ne demeurent pas absorbées dans la masse sans reprise

(1) *Das deutsche Genossenschaftsrecht.* Berlin, 3 vol.
(2) *L'Organisation de la liberté.*

possible de leur part. La législation a ici beaucoup à organiser.

V

L'INTERVENTION DE L'ÉTAT

Outre la *vis medicatrix* qui appartient spontanément à la société humaine comme à la nature, l'intervention volontaire des individus et de l'État doit contribuer à diminuer les maux. C'est ce qui a lieu en France. Toutes les institutions charitables de prévoyance et d'épargne se multiplient, et leur fonctionnement se simplifie de jour en jour. Les sociétés de secours mutuels ont dépassé aujourd'hui le nombre de 10.000, comprenant 1 million et demi d'adhérents, possédant 235 millions et servant 32.705 pensions de retraite. Les fondations patronales sont devenues innombrables ; la plupart des patrons ont compris la nécessité de donner à l'ouvrier, par des caisses de secours et de retraites, par l'éducation, par le plaisir même, plus de satisfaction dans le présent et plus de sécurité dans l'avenir. L'étude de toutes les questions qui intéressent l'ouvrier a été stimulée et facilitée à Paris par la création de l'Office du travail. Lyon a ouvert une « école de la charité, où chaque génération vient puiser des notions précises sur les moyens de faire le bien ; » le jeune homme qui, dans l'administration des hospices, a reçu à vingt-cinq ans « l'empreinte du malade et du pauvre », est prêt à s'enrôler dans une des nombreuses œuvres privées. Ainsi a été fondé le « Dispensaire général, » qui permet chaque année le traitement de 8.000 malades à domicile. Ajoutez l'hospitalité de nuit, toutes les œuvres pour les malades, pour les femmes en couches, les convalescents, les incurables, les enfants, les orphelins, les jeunes gens, les vieillards. La Société d'Enseignement professionnel du Rhône compte plus de 810 cours et plus de 6.000 élèves ; elle en a reçu plus de 120.000 depuis l'origine ; elle a élevé le « niveau intellectuel et technique » d'une partie de la population.

L'Office central des Œuvres charitables a dressé un inventaire des « richesses morales » de notre pays ; il déclare n'avoir jamais vu « une plus prodigieuse création en tous genres ». Du berceau à la tombe, « tout ce que l'homme a pu inventer pour l'homme semble avoir été fondé en notre temps ». Voilà, a-t-on dit, la vraie France, « celle dont le cœur bat, celle que ne montrent pas nos romanciers en quête de plaies morales ».

Mais les œuvres de charité et d'assistance ne suffisent pas. Elles ne doivent pas empêcher les œuvres de justice et de solidarité contractuelle, dont les associations et l'État nous offrent les types. Après avoir dit jadis : laissez faire les individus, faut-il aujourd'hui que l'État se borne à dire : laissez faire les associations ? Nous ne le croyons pas, et la persistance de beaucoup de misères, malgré tant d'œuvres charitables, ne permet pas de le croire. De nos jours, en France, autant qu'on peut juger par des documents encore incomplets, une population d'environ 10 millions d'adultes paye, en parts presque égales, au chômage et à la mort un tribut annuel de plus de 300.000 têtes ; on doit y ajouter près de 50.000 blessés et 200.000 sexagénaires devenus incapables, soit en tout plus de 550.000 personnes enlevées au travail. Quant au nombre des personnes que les victimes laissent après elles, on l'estime à 350.000, ce qui donne un total de 900.000 personnes, près du dixième du chiffre des adultes. 450 personnes environ sont inscrites comme *mortes de faim*. En présence de cette situation, on ne saurait admettre qu'il n'y ait rien à faire pour l'État et les communes, sinon de laisser les individus, isolés ou associés, se tirer d'embarras comme ils pourront, sauf à proclamer dans l'abstrait cet unique principe : « Tous les Français sont libres et égaux. »

Au reste, depuis plus de trente années, le gouvernement n'a pas cessé de faire des réformes en faveur des ouvriers. Par la loi sur la responsabilité en cas d'accidents, la protection de l'État enveloppera la vie entière de l'ouvrier. Au sortir de l'école, la loi sur le travail dans les manufactures reçoit, comme on l'a dit, le débutant entre ses bras. Si c'est un garçon, elle ne le livre à lui-même et aux chefs d'industrie qu'à partir de dix-huit ans ; si c'est une jeune fille, la loi la protège toute sa vie. D'après la loi de 1841, les enfants ne peuvent pas travailler dans les manufactures avant l'âge de huit ans ; d'après celle de 1874, avant l'âge de douze ans ; enfin, d'après celle de 1892, avant l'âge de treize ans. Et la durée du travail est sans cesse abrégée. La loi protège les enfants ambulants, surveille les enfants du premier âge, les enfants moralement abandonnés ; la loi établit l'inspection du travail et le contrôle des établissements insalubres. Elle supprime les livrets d'ouvrier, elle crée le Conseil supérieur du travail, ainsi que le Conseil supérieur d'hygiène. Elle crée la caisse d'épargne postale ; elle règle l'arbitrage, s'occupe des logements ouvriers et des habitations à bon marché ; elle protège le salaire contre la saisie ; elle s'occupe du maximum du prix des denrées, etc. Le contrat de louage des services a été modifié par la loi du 27 décembre 1890 au bénéfice des ouvriers. Enfin, et surtout, la loi a permis aux travailleurs de chercher dans l'association le moyen de lutter à armes égales contre l'entrepreneur. Si l'association était assez généralisée pour assurer l'égalité entre l'entrepreneur et l'ouvrier dans le contrat de travail, l'intervention des pouvoirs publics serait inutile et la solution du problème se trouverait tout entière dans la libre action des syndicats ouvriers. Mais il est loin d'en être ainsi. Le développement de l'association est une œuvre lente par elle-même, rendue plus lente encore par les obstacles qu'on lui oppose. En Angleterre même, il y a seulement deux millions d'unionistes sur cinq millions de travailleurs. L'intervention du législateur doit donc suppléer à l'insuffisance de l'action individuelle et de l'action collective, quand il s'agit d'assurer la conservation et le développement du bien le plus précieux d'un peuple, sa force de travail. Au reste, cette intervention du législateur, nécessairement prudente et progressive, toujours fondée sur la connaissance exacte des faits, n'a jamais entravé le développement des unions professionnelles ; elle les a, au contraire, fortifiées. L'exemple de la société des brodeurs de Saint-Gall confirme cette thèse, car, sans la législation suisse, dont cette société n'a fait que généraliser par contrat l'application complète, elle n'eût jamais atteint la même puissance ni la même efficacité.

Nous croyons que la perfection serait « la liberté organisée pour tous, » c'est-à-dire des organisations libres et reconnues, comme en Angleterre, mais étendant l'assurance à la masse, comme en Allemagne. Et nous pensons que l'État, en France, ne saurait se désintéresser de la question et qu'il y a une synthèse à chercher des deux systèmes. En tout cas, M. Prins a raison de le dire, le difficile problème du groupement des hommes est aussi important que celui de la répartition des richesses, et il y a une connexité intime entre ces deux ordres d'idées ; si donc nous voulons nous prémunir à la fois « contre l'atomisation et contre l'absolutisme », nous devons rechercher le meilleur groupement pos-

sible des forces sociales et, en repoussant la tyrannie
de l'État, sans exclure le concours de l'État, multiplier
les associations douées d'une personnalité collective
et d'une vie organique. « Il ne suffit pas de ne point
leur apporter d'entraves; nous devons les encourager,
les protéger et les reconnaître légalement (1). »

En résumé, on peut conclure qu'un progrès social
s'est déjà accompli et tend à s'accélérer en France :
diffusion de la richesse dans le peuple et répartition
plus égale de la propriété. C'est là, pour notre pays,
au milieu de tant de misères qui frappent davantage
les yeux, une condition fondamentale de stabilité, de
moralité et de bien-être. Autant les déplacements sou-
dains de richesse sont dangereux pour la moralité nationale, autant la montée progressive de l'aisance la
favorise. Si les effets moraux d'une meilleure répartition de la propriété ne se montrent pas encore chez
nous, c'est que le phénomène est de date récente, que
les inconvénients du déplacement des richesses balan-
cent encore les avantages, et que, par le retard de
l'éducation morale sur l'instruction scientifique, les
besoins se sont accrus plus vite que les moyens de les
satisfaire. Tant il est vrai que la question sociale est
aussi une question morale. D'une part, les riches sans
culture morale ont toujours plus de puissance pour le
vice que pour la vertu ; d'autre part, les hauts salaires
accordés à des ouvriers *incultes* font souvent plus de
mal que de bien ; car ils n'ont alors d'autres résultats
« que de développer le chômage et l'alcoolisme ».
D'après une enquête de M. Adolphe Schulze, les ouvriers de la Saxe reçoivent un salaire moyen de 6 fr. 50
par jour; mais ils n'ont pas de vie de famille, leur in-

____

(1) M. Prins, *l'Organisation de la liberté.*

térieur est sordide et repoussant ; ils vont s'étourdir au cabaret, et sont profondément aigris. En Silésie, au contraire, où le salaire est inférieur de moitié, le mineur connaît le confort et l'influence bienfaisante du milieu social ; il est heureux. Le bonheur n'est donc pas simplement « une question d'estomac ». Le cerveau et le cœur y ont le principal rôle. Cette vérité s'applique aux capitalistes comme aux travailleurs. La rapidité même avec laquelle naissent certaines fortunes capitalistes peut devenir pour elles une cause de ruine. Les hommes qui les ont édifiées n'ont pas eu le temps d'acquérir la culture morale indispensable à la conservation de leur patrimoine et ils n'ont pas donné à leurs enfants la forte éducation qui seule rend l'homme capable d'exercer la puissance. Les fortunes si rapidement formées, où on ne voit « qu'une faculté illimitée de jouissances » s'écroulent rapidement. Le nombre de ceux qui ne travaillent pas diminue ; ils sont condamnés à disparaître. « La grandeur de notre époque, c'est que la puissance de l'argent n'est qu'apparente. L'argent, *à lui seul*, ne crée rien (1). »

C'est une des conséquences mises en lumière par la sociologie que la civilisation d'autrefois était fondée sur la conquête des hommes, tandis que celle d'aujourd'hui l'est sur la conquête de la nature. La première était l'application de la force ; la seconde est l'application de la science : or, celle-ci, nous l'avons vu, en rendant la production de plus en plus abondante, la distribution de plus en plus facile, la consommation de plus en plus générale, tend à l'émancipation finale du travailleur. La civilisation ancienne avait pour résultat la concentration des revenus ; la civilisation scientifique, après avoir, dans notre siècle de transition,

______

(1) M. Prins, *l'Organisation de la liberté.*

aidé d'abord à une concentration analogue dont bien des effets fâcheux subsistent encore, travaille pour l'avenir (et c'est ce que Marx n'a pas vu), à la dispersion démocratique des revenus entre les personnes et à leur union démocratique dans les associations.

Comme cette buée grise et âcre que laisse derrière lui un train en marche, et qui finit par se dissiper, la démocratie de notre époque emporte avec soi son nuage de fumée qui peut, sur le moment, être assez épais pour voiler l'horizon et faire croire à un arrêt ou à un recul. En réalité, nous avançons vers un ordre de choses où la part croissante faite aux volontés individuelles et à leurs libres contrats n'empêchera pas les liens organiques de subsister et de s'étendre. Ainsi se réalisera l'idéal de la démocratie, qui est, nous ne saurions trop le redire, la synthèse des relations vitales et des relations morales dans l'organisme contractuel.

CHAPITRE II

LA DÉMOCRATIE ABOUTIT-ELLE AU COLLECTIVISME ?

La démocratie politique a une naturelle tendance à
devenir démocratie sociale. Comment le peuple, sachant
qu'il a le pouvoir d'élire, ne choisirait-il pas de préférence ceux qui lui promettent, comme cela est juste,
des changements à son profit. La démocratie deviendra
donc certainement de plus en plus sociale et même
socialiste au sens le plus général de ce mot. Mais l'intervention croissante de l'État ne nous paraît pas devoir
aboutir au collectivisme. Les capitaux, en se syndi-
quant, et les progrès de la technique réduisent de plus
en plus l'importance de la main-d'œuvre au profit du
capital et de l'intelligence. En outre, les capitaux et les
techniciens font échec, par leurs unions, aux unions de
travailleurs. La catastrophe finale rêvée par Marx
devient de plus en plus improbable.

Les collectivistes disent : — Le collectivisme existe
déjà pour les droits et intérêts absolument généraux,
puisque l'État démocratique et républicain est la défense
collective de ces droits, l'organisation collective de ces
intérêts ; pourquoi ne réaliserait-on pas aussi le collectivisme dans l'ordre économique, à commencer par le
régime de la propriété ? — Mais l'ordre économique
n'est point l'ordre juridique et politique. Il n'y a
d'absolument général, dans l'ordre économique, que

certains grands intérêts qui, nous l'avons vu, enveloppent aussi des droits et qui, en effet, peuvent devenir de plus en plus œuvre collective. Mais l'ordre économique, au dessous des droits universels, est le champ des intérêts individuels ou associés ; c'est aussi la sphère du travail individuel ou volontairement associé, qui varie selon les personnes, selon leur intelligence, leur force corporelle, leur valeur morale, etc. On ne peut donc, de ce que l'autorité juridique et politique est devenue collective, conclure que le progrès économique doive être aussi l'œuvre d'une autorité collective. Le progrès est, par essence, œuvre de liberté ; l'autorité n'y intervient que pour assurer la liberté même avec le respect de tous les droits. Ce régime de liberté économique pour les individus et pour les associations, sous des règles de justice absolument communes à tous et égales pour tous, constitue une démocratie économique et n'est nullement le collectivisme. De même, la diffusion progressive des capitaux parmi les travailleurs, avec l'égalisation progressive des conditions et la disparition progressive des « classes », voilà de la démocratie sociale, et ce n'est pas du collectivisme.

Les collectivistes établissent une analogie inexacte entre le pouvoir politique et ce qu'ils appellent « le pouvoir économique ». Le pouvoir politique n'est pas ou ne doit pas être un véritable pouvoir de tous sur chacun ; il doit être, au contraire, un moyen d'assurer à chacun sa liberté à l'égard de toute puissance extérieure. L'autorité publique est faite de la liberté publique. Il n'y a pas, à vrai dire, d'autorité : il n'y a que des droits à sauvegarder, il n'y a que la justice à établir sous toutes ses formes. De même, il ne doit pas y avoir de pouvoir économique. Ce qu'on appelle ainsi doit rentrer dans la sphère des droits et, par conséquent, dans celle des *lois* à faire (droit législatif), à exécuter (droit exécutif), à sanctionner (droit judiciaire). Chaque citoyen n'a que le droit de participer à ces trois droits communs.

Le régime de justice civile, politique et sociale, fondé sur l'idée du droit, s'oppose donc au régime distributif des richesses et du bien-être, fondé sur l'idée d'intérêt. Il a cet immense avantage que les droits qu'il protège, qu'il consacre ou rétablit, sont les droits de tous, égaux pour tous, assurant la liberté réelle de tous. Nous trouvons là un exemple de ces biens dont parle Platon, qui peuvent être possédés par les uns sans que les autres en soient dépossédés. Pour vous rendre justice, je n'ai pas d'injustice à faire aux autres; pour maintenir votre liberté, je n'ai pas à confisquer la liberté des autres; pour reconnaître vos droits, je n'ai pas à méconnaître les droits des autres. La justice est le vrai domaine collectif et même, si l'on veut, la communauté idéale et spirituelle, où le bien de chacun se confond avec le bien de tous. La justice unit, l'intérêt divise. Dès qu'il s'agit des « richesses » et de la « propriété », la lutte commence : vous ne pouvez donner aux uns sans prendre aux autres. Or, c'est précisément dans ce domaine que le collectivisme et le communisme rêvent de faire une distribution dont tout le monde sera satisfait. Or, si le problème des droits à reconnaître et à sauvegarder est déjà très difficile, que sera-ce quand on voudra passer dans la sphère des intérêts et des biens matériels? Les vraies mesures de justice, au contraire, n'exigent aucune spoliation et ne peuvent blesser aucun membre du corps public. Votre droit de suffrage ne m'enlève pas le mien, il le confirme, — à la condition, bien entendu, que le droit de suffrage soit organisé pratiquement selon la justice. Répandre chez tous l'instruction et l'éducation morale, voilà une mesure de justice, à la fois civile, politique et sociale. Qui doit y perdre? Personne. Les connaissances que j'acquiers vous privent-elles des vôtres? La lumière qui s'allume dans mon esprit éteint-elle celle qui brille au fond de votre pensée? Tout au contraire ; plus il y a de foyers lumineux, plus la lumière est éclatante pour tous. De même, ma moralité vous prive-t-elle de la vôtre ? N'en est-elle pas, au contraire, le complément et, en partie, le soutien? Tant que nous sommes dans la région des biens intellectuels ou moraux, nous sommes dans la paix et dans l'union. Là est la vraie démocratie, c'est-à-dire l'égalité réelle des libertés pour tous et la solidarité des biens moraux entre tous : démocratie civile, démocratie politique, démocratie sociale, mais non pas démocratie collectiviste. Il y a entre les deux conceptions une barrière, celle qui sépare le droit de l'intérêt, la justice des biens matériels.

Est-ce à dire que les inégalités excessives de ces biens doivent subsister ? Pas le moins du monde. Mais il faut qu'elles disparaissent par le progrès du vrai régime démocratique. Il n'y a pas besoin pour cela de supprimer la propriété individuelle ; il faut, au contraire, la consacrer dans ce qu'elle a de vraiment légitime et de vraiment personnel. Il n'y a pas de confiscation ni d' « expropriations » à opérer ; il n'y a que des droits à défendre ou des dénis de droit à réparer. La tâche est déjà énorme ; du moins est-elle nécessaire et normale pour la société humaine ; mais la tâche de la distribution matérielle par la collectivité est surhumaine. La démocratie n'est qu'une organisation de libertés égales pour tous ; elle ne s'occupe pas du fond des choses, du contenu ; elle n'a pour but que de donner à tous les citoyens voix au chapitre, droit de voter, d'être représenté, droit de participer au gouvernement par ses mandataires. Malgré la simplicité relative de ce problème, que de difficultés et de complications qui, nous l'avons vu, aboutissent à fausser la démocratie, à la changer tantôt en oligarchie, tantôt en démagogie ! Que serait-ce s'il s'agissait de demander et de rendre à chacun selon ses œuvres et ses besoins ?

Les collectivistes sont admirables pour critiquer, mais, quand il s'agit de remplacer ce qu'ils critiquent, ils subissent à leur tour la loi commune, qui veut que la perfection soit impossible à réaliser — surtout par décrets d'en haut et violences d'en bas. Que l'on réclame la suppression graduelle des iniquités, en tant que cette suppression dépend de la législation sociale du travail, rien de mieux : mais que l'on nous promette une catastrophe, une révolution, ou même une évolution qui changerait la face du monde avec les cœurs des hommes, c'est pure apocalypse. Ce qu'il y a d'outré dans les revenus du capital doit être ramené à la commune justice : mais le collectivisme conclut indûment que tout revenu doit être supprimé. Les abus de l'héritage et son extension à des parents inconnus du vivant lui-même doivent être réformés au profit de la grande parenté humaine ; mais de là le collectivisme déduit que tout héritage doit être confisqué. Les abus de la propriété privée ont besoin d'être réformés, mais les collectivistes en déduisent que la propriété privée doit être abolie. Ne voient-ils pas que l'argument se retourne contre la propriété collective ? N'y aura-t-il pas, là aussi, des abus ? Il faudra donc la supprimer ! Elle laissera subsister des passe-droits, des bonheurs et malheurs immérités ; il faudra donc la remplacer par la propriété privée. Un pareil va-et-vient de raisonnements *ad homines* est peu scientifique, et cependant le postulat qui est au fond du collectivisme n'est pas autre chose que ce cercle vicieux : la propriété privée ne réalise pas la justice parfaite, donc il faut rendre la propriété collective ; mais la propriété collective n'est pas elle-même parfaite, donc il faut rendre la propriété privée.

Le vice le plus grave des systèmes collectivistes et communistes, c'est l'atteinte aux droits intellectuels et moraux, qui ne peuvent eux-mêmes s'exercer que dans et par la liberté de la personne, de la conscience, du travail, de la propriété, enfin de l'échange sous les lois de la commune justice. Les collectivistes espèrent que, dans une société où la collectivité administrerait toutes les *choses*, les *personnes* resteraient libres de se développer sans discipline, au hasard de leurs goûts et de leurs volontés. Ce rêve renferme une intime contradiction. Il sépare artificiellement les personnes des choses, comme si les premières pouvaient se suffire et, sans disposer des choses, disposer vraiment d'elles-mêmes. Il faudrait, pour cela, une société de purs esprits. En fait, la personne n'est pas libre quand sa liberté n'aboutit pas à la propriété des choses, des instruments et des produits. Du jour où la collectivité populaire administrera toutes les *choses*, elle gouvernera aussi toutes les personnes. Ne rien avoir en propre, c'est la servitude.

Quels sont, d'ailleurs, ceux que la collectivité, si libérale soit-elle (et on n'a jamais vu de grandes collectivités libérales), quels sont ceux qu'elle chargera de l'administration des « choses » ? On ne peut concevoir que deux modes d'administrer : l'un, par des corporations comprenant les ouvriers qui travaillaient auparavant dans les usines ; l'autre, par des fonctionnaires publics que le Corps législatif déléguerait pour diriger les industries devenues nationales. Mais, en ce qui concerne la première hypothèse, les ouvriers sont encore d'une incapacité notoire quand il s'agit d'administrer ; il faut donc qu'ils en deviennent peu à peu capables. Et ce n'est pas tout d'un coup, par une action révolutionnaire ou par une décision législative, qu'ils peuvent acquérir la capacité nécessaire. La difficulté que l'ouvrier éprouve de

nos jours à faire marcher une coopérative de production
en est la preuve. Imprévoyant, insoucieux du lendemain, trop peu instruit, l'ouvrier est obligé de faire
appel le plus souvent à des « bourgeois » pour gérer la
production et l'échange. Sans qu'il y ait de sa faute, son
incapacité politique n'est pas moindre à notre époque
que son incapacité administrative. La politique, pour
la plupart des ouvriers, se réduit à voter en faveur
des candidats les plus révolutionnaires (que leurs théories soient absurdes ou non), à faire des émeutes, à
tenter des révolutions, à saboter et à boycotter, enfin à
changer presque toutes les grèves en scènes de violence
et de pillage. Écraser quiconque n'est pas de son avis,
voilà le plus souvent la politique de l'homme du peuple ;
elle se montre à nu dans les réunions publiques (*En-
levez-le!*) surtout dans les coalitions et grèves. Les
collectivistes sincères le reconnaissent eux-mêmes, mais
ils espèrent que, dans l'avenir, tout changera par le
seul fait qu'on aura *proclamé* la collectivité des biens.
Croient-ils vraiment que, dans cent ans, dans cinq cents
ans, dans mille ans, la foule ne sera pas toujours la foule,
ayant devant l'élite la même infériorité relative, la même
incapacité foncière de s'élever en masse à des vues
désintéressées qui embrassent l'avenir lointain ? Quand
donc la démocratie collectiviste sera-t-elle possible,
étant données la nature humaine en général et celle des
foules en particulier ? Une masse de bourgeois n'est pas
plus sage qu'une masse de prolétaires et, si vous mettez seulement cinq cents bourgeois dans un palais législatif, il retentira des clameurs d'une cohue mal élevée
et mal disciplinée. Le jour où l'ouvrier sera mûr pour
le collectivisme, il n'en aura plus besoin : il saura se
tirer d'affaire par la libre association.

Quant aux fonctionnaires, sur lesquels compte le
collectivisme, nous savons la peine qu'ils ont déjà, de

nos jours, à bien accomplir une besogne souvent machinale ; nous savons aussi l'indiscipline dont ils sont capables envers leurs chefs, les coalitions qu'ils peuvent former pour imposer leurs volontés au gouvernement et au public. Il est donc imprudent de compter sur le fonctionnarisme pour réaliser la justice distributive. Nous ne saurions croire que le seul remède à nos maux soit de tout décharger sur les épaules de l'État, de la commune ou de la Confédération du travail. D'ailleurs, une telle solution supposerait que, autour de nous, les autres peuples, du premier au dernier, monarchies ou républiques, auraient également tout remis à la collectivité. Le régime économique d'une nation n'est-il pas lié à celui des autres, si bien que les valeurs mêmes et les prix acquièrent un caractère de plus en plus international ? Avant que le collectivisme règne par toute la terre, on conviendra que la démocratie présente a d'autres choses à faire et d'autres réformes plus pressantes à réaliser.

Au reste, les mérites de nos gouvernements actuels, même démocratiques, n'autorisent guère les rêves paradisiaques sur l'infaillibité des gouvernements à venir. Compter toujours sur l'État ou sur la société, c'est reporter la difficulté plus loin et plus haut, non la résoudre. Les statisticiens ont vingt fois démontré, chiffres en main, que les ressources actuelles de la bienfaisance suffiraient déjà à empêcher les grandes misères, si celles-ci n'étaient décuplées par l'alcoolisme ; vingt fois ils ont montré que, si l'homme du peuple employait pour son bien et celui de sa famille ce qu'il dépense en alcool et en tabac, il n'y aurait plus de prolétaires et les usines rachetées passeraient aux mains des travailleurs. Que fait cependant l'État, avec son armée de fonctionnaires, que font les communes, que font les syndicats devant l'alcoolisme, devant le tabac, le jeu, la prostitution, la pornographie, l'excitation à la débauche ? Rien. Toucher aux vices, ce serait toucher à l'Arche Sainte. Prendre des mesures contre les cabarets, ce serait cent fois plus grave que de fermer des temples : les prêtres sacrés de l'ochlocratie ne sont-ils pas les marchands de vin ? Lutter contre le tabac, ce serait renoncer au plus lucratif des monopoles. N'a-t-on pas proposé aussi le monopole des maisons de tolérance ? Si l'État y ajoutait celui des publications licencieuses et des photographies obscènes, il ferait fortune. Que la foule dirige de plus en plus toutes choses par l'intermédiaire de ses serviteurs, et vous verrez s'abaisser de jour en jour le niveau des gouvernants et chefs d'administration, tout tremblants devant leurs maîtres d'en bas.

Le collectivisme, en socialisant tous les biens, espère supprimer les *intermédiaires*, qui perdent la force vive et finissent par être des parasites; il condamne le commerce en général, les marchands en gros et surtout en détail, tout ce qui s'interpose entre le producteur et le consommateur. Sans doute l'idéal serait que le producteur et le consommateur fussent en face l'un de l'autre, que le producteur de café, par exemple, livrât une tasse de café à celui qui doit la boire. Mais qui ne voit l'impossibilité de cette présence immédiate et eucharistique ? L'espace et le temps sont deux premiers obstacles : le café consommé en Europe est produit en Amérique : vous ne supprimerez pas l'Océan ; il y aura toujours l'intermédiaire des transports. Ce n'est pas tout. Une fois le temps et l'espace surmontés dans la mesure du possible, il restera toujours à distribuer les produits pour les besoins des consommateurs. Cette distribution ne pourra jamais se faire d'un seul coup et sans intermédiaires, de quelque nature qu'ils soient. Les producteurs, eux aussi, sont des intermédiaires. « Le boulanger m'a dit en rêve : Fais ton pain. » Mais, quand même je ferais mon pain, j'aurais encore besoin des intermédiaires qui ont fait mon pétrin, ma huche, ma farine, semé et récolté mon blé, etc. Robinson seul n'avait pas d'intermédiaires. Au sein de la société, tous les hommes qui se rendent des services sont des moyens et des intermédiaires les uns par rapport aux autres. Si le marchand prétendu improductif m'épargne, à moi producteur, une certaine portion de temps et d'espace que j'aurais à parcourir pour me procurer tel objet, il aura augmenté la production possible, il aura coopéré à la production réelle. Produire, ce n'est pas nécessairement frapper une enclume avec un marteau. Si j'habite Menton, quand j'aurai besoin de quinine pour couper ma fièvre, il faudra toujours que je m'adresse à quelqu'un qui en aura le dépôt à Menton ; pharmacien fonctionnaire de la collectivité, ou pharmacien établi à son compte, ce sera toujours un pharmacien. Les collectivistes ne voient pas qu'ils ne suppriment nullement les intermédiaires, mais les remplacent par d'autres ; aux commerçants ils substituent des fonctionnaires, mais qu'importe le nom ? Si les commerçants sont aujourd'hui trop nombreux, qui nous dit que leurs remplaçants dans la démocratie collectiviste ne seront pas trop nombreux ? D'autant plus que chaque citoyen demandera une place, un emploi, une occupation quelconque dans les bureaux et dans les magasins collectifs. Voit-on aujourd'hui que les administrations et les bureaucraties, avec leurs écritures, leurs paperasses, leur hiérarchie d'employés de toute sorte, simplifient tellement les besognes et suppriment les intermédiaires ? Allez au ministère des Finances pour quelque somme à toucher, au ministère de la Justice pour quelque pièce à vous procurer, vous verrez si les intermédiaires ne foisonneront pas, depuis le portier ou l'huissier jusqu'au premier commis qui vous renvoie au second, le second au troisième, de guichet en guichet, pendant des heures. La suppression totale des intermédiaires est une utopie. Ce qui est vrai, c'est qu'il faut en diminuer le nombre et surtout remplacer les intermédiaires inutiles par des intermédiaires utiles ; mais il y aura toujours une distance entre la coupe et les lèvres, entre le besoin et la satisfaction.

Ce qui supprime le mieux les intermédiaires ou plutôt ce qui les organise de la façon la plus économique et la plus profitable à l'ensemble, ce sont les associations coopératives, surtout quand il y a association des sociétés de production et des sociétés de consommation. La suppression des intermédiaires ne peut résulter que d'une organisation de plus en plus avancée et savante des associations de toutes sortes, non d'une mesure générale prise *subito* par l'État, qui, pour assurer la dite mesure, aurait précisément besoin d'innombrables intermédiaires.

Si donc il y a de très importants éléments de vérité dans le socialisme pur et simple, qui est une méthode de progrès social par le moyen de la société même et des lois sociales, en revanche nous ne voyons dans le collectivisme et surtout dans le communisme que de vastes hypothèses, dont la principale base est la condamnation en bloc de ce qui est, au profit d'un état de choses dont on ignore ce qu'il sera et s'il sera. Dès lors, la prétention mise en avant par les révolutionnaires que, pour être vraiment démocrate, il faut être socialiste, que, pour être socialiste, il faut être collectiviste comme eux et même communiste, est inadmissible. Les socialistes eux-mêmes doivent protester contre un tel accaparement, d'autant plus que les inventeurs de systèmes ne peuvent même pas définir avec précision ce qu'ils veulent. Ces âpres sermonnaires, qui ont réduit l'anathème en syllogismes, nous répètent sans cesse, comme dans un sermon célèbre : « Marche, marche ! » De la démocratie politique à la démocratie sociale, de la démocratie sociale à la démocratie socialiste, du désir de justes réformes au socialisme d'État, du socialisme d'État au socialisme intégral, du socialisme intégral au collectivisme, du collectivisme au communisme, du communisme national au communisme international et englobant toute la terre, marche! marche! — Mais, dans la chaîne de raisonnements dont ils prétendent nous lier pour nous traîner à leur suite, que d'hiatus béants ! Que de fautes de logique, qui se transforment pratiquement en cris de haine d'une classe à l'autre ! Autant il faut réclamer le progrès, autant il faut repousser ceux qui veulent réaliser par la force la perfection sur terre, car ils ne la donneront pas, et ils empêcheront le progrès même.

Nous devons conclure que, d'après toutes les apparences, l'avenir de la démocratie ne sera ni le salariat actuel, ni le fonctionnarisme d'État, ni le collectivisme. Le simple conflit des intérêts purement *privés*, tel qu'il existe aujourd'hui, ne saurait produire ces républiques du travail qui sont l'idéal de la vie économique. On aboutira donc plus tard, selon nous, à une organisation systématique et démocratique de l'industrie. Pour la préparer, il faut supprimer progressivement le salariat sans supprimer la propriété et, par l'association sous toutes ses formes, aidée de la législation sociale, rendre peu à peu chacun propriétaire des instruments matériels et intellectuels de production ; il faut donner finalement « la terre aux cultivateurs, l'usine aux travailleurs (1) ». La démocratie sociale maintiendra la justice de la propriété privée comme extension du travail manuel et surtout du travail mental, par lesquels la *per-*

(1) M. Ch. Gide.

sonnalité humaine manifeste sa « volonté de puissance » et de « conscience », en produisant ou transformant les *choses*. Mais la propriété sera de plus en plus liée au travail, à l'effort individuel ou collectif des volontés conscientes. Que le travail salarié, tel qu'il existe actuellement, disparaisse devant la forme supérieure du travail associé, rien de mieux ; mais le travail librement associé ne sera pas nécessairement le travail collectiviste.

L'initiative individuelle, les coopératives et les syndicats, enfin les diverses espèces de contrôle municipal ou de contrôle d'État, resteront également nécessaires pour l'organisation industrielle et sociale des démocraties à venir. Sous leurs apparentes oppositions, ces diverses formes d'organisation auront un même objectif : trouver des conditions qui assurent en même temps, dans tout produit et dans toute valeur, la légitime part de la société et la légitime part de l'initiative individuelle. La justice protectrice, préventive et réparative, voilà le but auquel il faut toujours revenir ; la justive distributive ne doit être que la conséquence spontanée du progrès de toutes les autres justices.

On se souvient des droits nouveaux que les collectivistes voudraient inscrire dans les codes, droit au travail, au produit intégral et à la subsistance (1) ; mais ces droits peuvent être satisfaits en dehors de tout collectivisme. Le droit au travail et aux instruments de travail, sagement entendu, est réalisable par l'association, par les sociétés mutuelles de placement, par l'assurance contre les chômages, par l'établissement du contrat collectif de travail, surtout par l'organisation des coopératives. Le droit à l'intégralité de la portion du produit résultant du travail personnel peut être assuré par la parti-

____

(1) Voir notre livre : *le Socialisme et la sociologie réformiste*, 1re partie.

cipation aux bénéfices, par la participation à la propriété du fonds, par la proportionnalité de la répartition dans les coopératives. Enfin le droit à la subsistance peut être réalisé du même coup par les mêmes moyens, surtout par les coopératives de consommation, par les assurances, par les sociétés de secours mutuels, par les institutions d'épargne, par les retraites pour l'incapacité et pour la vieillesse. La collectivité des biens ne multiplierait pas les biens et pourrait même, en les diminuant, augmenter le mal ; de plus, elle ne semblerait assurer à tous le travail, le produit du travail et la subsistance, qu'aux dépens de la liberté.

Les temps sont proches, répètent volontiers les collectivistes, une catastrophe sociale se prépare, analogue à la révolution politique et civile de 1789. Mais les sociologues, eux, ne sauraient admettre ni que l'histoire des sociétés se répète, ni que cette répétition soit désirable. Ils ne croient pas que notre état social du vingtième siècle, avec le suffrage universel, avec l'extension démocratique de tous les droits, avec l'extension également démocratique de la propriété, avec le progrès de la coopération, des syndicats, de l'association sous toutes ses formes, enfin avec le caractère de plus en plus international des relations économiques, politiques, scientifiques et morales, puisse être assimilé à la France monarchique et financièrement ruinée de 89. Les sociologues réclament de profondes modifications du régime démocratique dans l'avenir, mais c'est par voie d'évolution, non de révolution. Une des lois de la dynamique veut que l'action violente amène une réaction proportionnée ; nous avons, pendant le dix-neuvième siècle, subi les fâcheuses conséquences des violences du dix-huitième siècle. Elles nous ont valu, avec les deux Napoléons, une vaste réaction de l'Europe entière contre les idées françaises, un recul momentané

de ces idées, enfin des guerres funestes et la perte
finale de nos anciennes frontières. Espérons que le
peuple français sera devenu assez sage pour comprendre
qu'il vaut mieux désormais obtenir, par des voies
pacifiques, les grandes réformes de justice sociale dont
il a besoin. Pour notre part, l'examen psychologique
que nous avons fait naguère des divers peuples, anglais,
allemand, italien, américain, etc., nous a convaincu
qu'ils sont tous devenus *évolutionnistes* et, dans leur
ensemble, *antirévolutionnaires* ; notre pays ne doit
pas, sous ce rapport, rester en arrière des autres, qui
n'ont foi que dans les progrès obtenus par la science
et par la liberté.

Les agitations de la politique courante et de la presse
quotidienne, les scandales publics de toutes sortes, d'où
qu'ils viennent, les coalitions et les grèves, ne sont, aux
yeux de la science sociale, que des phénomènes de surface. Ils ne révèlent pas plus l'état profond des masses
laborieuses que la bruyante publicité des accidents de
chemin de fer ne révèle le vrai chiffre des accidents de
voyage, qui est moindre aujourd'hui qu'au temps des
coches et diligences. Avec l'usage de la liberté, même incomplète, se développe lentement, chez les démocraties,
le sentiment de la *responsabilité*. L'agriculteur, l'ouvrier,
le petit commerçant, aussi bien que le haut commerce,
savent par expérience que les guerres intestines, comme
les guerres internationales, sont des maladies aiguës
dont on peut mourir. Ils veulent vivre. L'idée nouvelle
de l'*évolution* qui *fonde* commence à germer dans l'esprit
du peuple français comme de tous les autres ; elle est
appelée à y remplacer la vieille idée de la *révolution*
qui *détruit*, ainsi que celle des *sauveurs*, qui ne sauvent
personne. Grâce à un grand fonds de bon sens, ceux qui
souffrent arriveront à comprendre, malgré les agita-
teurs et meneurs de toutes sortes, que la patiente et

constante énergie des volontés, soit individuelles, soit surtout associées, peut seule obtenir et rendre durables les réformes de justice sociale.

Certains phénomènes de l'ordre biologique jettent leur lumière sur la situation politique et sociale dont nous sommes aujourd'hui témoins et qui semble plus grave dans notre démocratie française qu'ailleurs. D'après les expériences fameuses de certains horticulteurs sur la production des variétés nouvelles dans les plantes — par exemple dans les chrysanthèmes — il y a pour chaque plante un centre de gravité typique auquel toutes les formes tendent à revenir ; mais ce centre se modifie peu à peu par la création de centres nouveaux *voisins du premier*. On note, d'abord, dans la plante, un équilibre instable et une sorte d'affolement qui se traduit par des écarts de toutes sortes, soit dans le bon sens, soit dans le mauvais. L'horticulteur intervient alors pour pratiquer une sélection artificielle ; il choisit, afin de les perpétuer, les types les meilleurs, écarte les autres et les laisse s'éteindre. Dans les sociétés humaines, surtout démocratiques, se manifeste une loi analogue. La production de centres nouveaux d'équilibre est précédée d'une perturbation plus ou moins générale, d'une inquiétude et d'une agitation qui peut aboutir à la décadence comme au progrès. L'évolution des sociétés, semblable à celle des espèces, pose donc aux hommes d'État et aux législateurs des problèmes susceptibles de deux solutions, l'une en bien, l'autre en mal. Tout dépend du sens dans lequel aura lieu le nouvel arrangement, en partie spontané, en partie volontaire. Selon nous, une seule règle est sûre : la justice, qui établit ou rétablit les droits de tous.

TABLE DES MATIÈRES

TABLE DES MATIÈRES

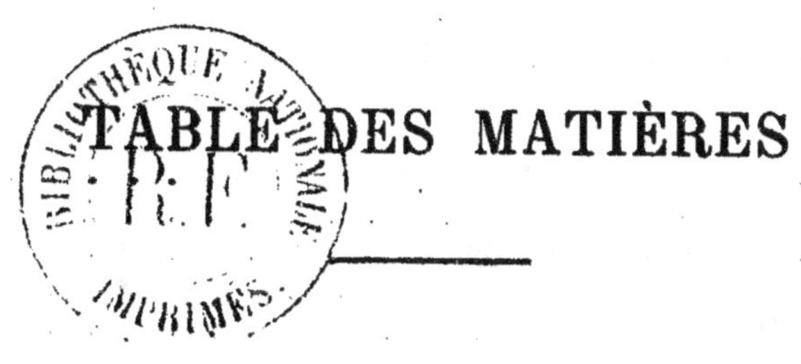

LIVRE II

L'IDÉE DE PATRIE. LE NATIONALISME ET L'INTERNATIONALISME

LIVRE III

L'ENSEIGNEMENT DANS LA DÉMOCRATIE

LIVRE IV

LA DÉMOCRATIE SOCIALE